정책학

이동수

Understanding Public Policy

박영사

사랑하는 어머니께

머리말

　오늘날 우리는 국가라는 공동체의 구성원으로서 정책과 불가분의 관계 속에서 각자의 삶을 영위하고 있다. 공동체가 다원적이고 복잡한 현대사회로 이행해 오면서 구성원들의 삶의 질이 시장메커니즘을 통해서 바람직한 상태에 온전히 도달하지 못하는 원인과 현상이 증가함에 따라, 그에 대한 정부의 대응으로서 정책적 개입이 구성원의 삶에 다양하고 광범위하게 이루어지고 있기 때문이다. 한편, 정부의 이러한 정책적 개입과 관련한 정책형성과 정책결정이 정부 내 입법부의 주요 역할임에도 불구하고 그들이 지닌 전문성의 한계로 인하여 사실상 행정부를 중심으로 이루어지는 행정국가현상이 강화되어 왔다. 더욱이 최근에 이르러서는 국가운영방식이 from government to governance 즉, 독점적이고 일방적인 통치방식의 정부government에서 계층적 관료제와 시장 그리고 네트워크가 더불어 함께하는 국정관리방식의 거버넌스governance로 바뀌어가고 있는 상황이다.

　이러한 정치사회적 맥락에서, 공동체가 당면한 사회적 과제를 어떻게 파악하고 어떤 대안을 어떻게 선택하며 어떻게 집행하느냐 하는 문제는 국가 구성원의 생활과 공동체의 발전은 물론 다른 국가에까지

3

도 영향을 미치고 있다. 뿐만 아니라 정부의 정책개입이 사회적 과제의 해결이라는 사후적이고 처방적인 차원에서 사전적이고 예방적인 차원으로 확대되는 실정이다. 이처럼 정책의 역할과 범위가 더욱 중대해지고 광대해짐에 따라 정책 자체에 대한 관심은 물론, 어떻게 하면 보다 합리적인 정책결정과 효율적인 정책집행 그리고 타당한 정책평가를 가능하게 할 것인가의 문제가 주요 관심대상이 되면서부터 지속적이고 체계적인 정책연구가 이루어져 다양한 개념과 모형 그리고 이론 등이 축적되고 있다.

이 책은 정책연구의 이러한 내용들을 이해하기 위해 처음 공부를 시작하는 독자들께 도움이 되고자 준비된 정책학의 입문서라고 할 수 있다. 정책학에 대한 전반적인 내용을 제공하는 데 초점을 두고 정책과 관련한 다양한 개념과 이론들을 가능한 폭넓게 균형적으로 소개하고 있다. 따라서 이들 내용에 대해 세부적이고 심층적이기보다는 개략적이고 기초적인 수준에서 설명하고 있다. 한 학기 15주를 기준으로 학습을 진행할 수 있도록 전체 목차를 12장chapter으로 구성하고 각 장마다 대체로 비슷한 분량을 유지하고 있다. 전반부는 정책현상 및 정책연구와 관련한 기본 개념과 의의 및 특성 등을 6개의 장으로 구분하여 정책연구의 이해, 정책의 본질, 정책의 필요성, 정책체제와 환경, 정책과정과 참여자, 정책참여자의 관계 등으로, 그리고 후반부는 정책과정의 각 단계와 관련 활동을 6개의 장으로 구분하여 정책의제설정, 정책분석, 정책결정, 정책집행, 정책평가, 정책변동으로 구성하고 있다.

이 책은 입문서라는 점에서 각 주제별 내용들을 두루 소개하고자 국내외에서 출간된 문헌들을 가능한 다양하게 활용하여 정리하고 있

다. 독자들이 보다 구체적이고 심층적인 내용을 학습하는 데 도움을
받을 수 있도록 출처를 내주로 표시하고 있으나, 여러 문헌에서 공통
적으로 언급되는 표현이나 내용들은 일일이 표시하지 않은 부분도 있
다. 이러한 점에서 발견되는 모든 오류와 미비는 저자의 불찰로 인한
것이니 기존 문헌의 저자들은 물론 독자들께 아량을 구하며 또한 감사
의 마음을 전한다. 그리고 이 책을 준비하는 데 자료수집과 원고확인
을 하느라 수고한 윤주영과 이 책을 출판할 수 있도록 도움을 주신 박
영사의 관계자 여러분들께도 감사의 마음을 전한다.

2020년 6월

이 동 수

차례

01 정책연구의 이해

1. 정책연구의 필요성

　오늘날 우리는 국가라는 공동체의 구성원으로서 각자의 삶을 영위하고 있다. 구성원들의 삶이 개별적으로나 집단적으로 바람직한 상태를 실현 또는 유지될 수 있도록 하기 위하여 공동체가 운영되는 방식에 따라 크게 사적 차원과 공적 차원으로 구분된다. 사적 차원에서는 각자가 나름의 선택과 결정을 통하여 자신의 만족 또는 효용을 극대화할 수 있는 시장market이라는 메커니즘mechanism에 의해 운영되고 있다. 사적 차원의 이러한 운영방식이 가능하기 위해서는 구성원 각자에 대한 선택과 결정의 자유가 확보되고 유지될 수 있는 이른바 시장질서가 요구되는데, 이러한 기능은 공적 차원에서 정부government라는 메커니즘에 의해 민주적 절차와 방법에 따라 수행되고 있다. 따라서 민주주의정부에 의해 질서유지가 확보된 자유주의시장메커니즘을 통해서 구성원들의 삶이 가장 바람직한 상태에 도달할 수 있다는 것이 자유민주주의 국가 공동체의 기본운영원리이다.

자유민주주의 국가의 출현 이후 다원적이고 복잡한 현대사회로 이행해 오는 동안 시장의 완전성에 기초한 자유방임주의의 기대와는 달리 국가 구성원들의 삶의 질이 시장메커니즘을 통해서 바람직한 상태에 온전히 도달하지 못하는 원인과 현상이 출현하기 시작하였다. 이와 같은 시장의 불완전성과 그 밖의 외재적 결함에 대한 정부의 보정 노력이 요구되면서, 그에 대한 대응으로서 정부이 정책적 개입이 다양하고 광범위하게 이루지고 있다. 한편, 정부의 이러한 정책적 개입과 관련한 정책의제설정, 정책분석, 정책결정 등의 활동들이 정부 내 입법부의 주요 역할임에도 불구하고 그들이 지닌 전문성의 한계로 인하여 사실상 행정부를 중심으로 그 역할이 수행되는 행정국가의 확대와 더불어 정책에 대한 체계적인 연구가 행정학의 한 분야로 자리매김하기에 이르렀다.

정부가 추진하는 대부분의 정책은 국가 공동체의 방대한 자원을 동원하고 배분한다. 정부가 추진한 정책이 바람직하지 못하거나 실패할 경우 국가 구성원들의 삶은 물론 국가의 존립과 발전에도 심각한 피해를 가져올 수 있는 위험을 안고 있다. 따라서 당면한 과제를 어떻게 파악하고 대안을 어떻게 선택 및 결정하며 정책을 어떻게 집행하느냐 하는 문제는 국민생활과 국가발전은 물론 다른 국가의 정책에까지도 영향을 미치게 된다. 뿐만 아니라 정부의 정책개입이 사회가 당면한 문제의 해결이라는 사후적이고 처방적인 차원에서 사전적이고 예방적인 차원으로 확대되는 실정이다. 이처럼 정책의 기능과 역할이 더욱 중대해지고 광대해짐에 따라 정책 자체에 대한 관심은 물론, 어떻게 하면 보다 합리적인 정책결정과 효율적인 정책집행 그리고 타당한 정책평가를 가능하게 할 것인가의 문제가 주요 관심대상이 되면서부터 정책연구의 필요성이 대두되어 왔다.

정책이 정부가 국가 공동체의 목표달성을 위해 선택하는 문제 및 과제 해결의 전략과 수단을 의미한다는 점에서, 정부가 추진하는 대부분의 정책은 공동체의 발전을 위한 전략수단으로 기능한다. 뿐만 아니라 정책은 국가 구성원들의 삶의 질은 물론 삶의 방식까지도 좌우할 만큼 크고 광범위하게 영향을 미친다. 한편, 대부분의 정책은 그 목적을 달성하기 위해서 사전에 철저한 집행계획과 준비가 요구되고, 막대한 인적·물적 자원이 동원 및 투입되어야 한다. 자원의 동원 및 배분과 관련하여 비용부담과 편익수혜의 대상 및 정도 등에 대한 형평성뿐만 아니라 결정과정 및 방법에 있어서의 민주성과 효율성 또한 신중하게 고려되어야 한다. 따라서 국가 구성원들이 공통적으로 추구하는 공동선을 파악하고 정부의 개입을 통해 구현할 수 있는 보다 바람직한 목표설정과 합리적 정책수단을 모색하는 체계적이고 전문적인 정책연구가 요구된다. 결국, 정책연구의 필요성은 공동체의 문제 해결을 위한 바람직한 정책의 결정, 집행, 평가에 필요한 지식을 제공하고 이를 활용한 정책 현실의 합리성 제고와 궁극적으로는 인간 존엄성의 실현에 있다고 하겠다.

2. 정책연구의 배경

정책연구를 정책이나 정책과정으로부터의 지식산출이라는 광범위한 개념으로 이해한다면, 인류가 공동체를 형성하여 삶을 영위하면서부터 시작되었다고 하여도 지나친 논리적 비약은 아닐 것이다. 그럼에도 불구하고, 정책 그 자체를 대상으로 하여 체계적이고 분석적으로 이루어지는 현대적 의미의 정책연구는 1951년에 발표된 "The Policy Orientation"이라는 Harold D. Lasswell의 논문에서부터 시작되었다고 할 수 있다. 그는 여러 분야의 연구에서 정책학적 연구가 크게 두 가지 방향, 즉 정책과정에 관한 것과 정책과정에 필요한 것으로 진행되고 있다고 지적하였다.[1] 정책과정에 관한 지식은 실질적인 정책과정을 이해하는 데 도움이 되는 지식으로서 정책과정을 논리적으로 구조화하는 경험적 연구이고, 정책과정에 필요한 지식은 정책결정자들이 활용하는 지식과 정보의 구체적 내용과 해석을 개선시키는 지식으로서 정책과정의 합리성을 향상시키기 위한 연구이다.

또한 Lasswell은 1956년 미국정치학회 연설에서 인간사회의 근본문제, 예컨대 원자탄의 위협, 에너지부족, 정보통신혁명의 가능성과 위협 등에 대하여 보다 적극적인 관심을 가지고 연구할 것을 촉구하였다. 그러나 이러한 주창과 연구경향은 당시의 미국정치학계에 풍미하던 행태주의에 밀려 그 위세가 수그러든 1960년대 후반에 와서야 비로소 정책연구가 본격적으로 시작될 수 있었다. 그 계기는 당시 미국 사회가 당면한 여러 국내외적 문제들을 해결하는데 행태주의behavioralism가 별로 도움을 주지 못했다는 약점을 인식하게 된 것이었다.

1960년대의 미국사회는 여러 국내외적 문제로 진통을 겪었는데,

---

1 정책과정에 관한 지식은 정책과정에 대한 과학적 연구결과로 얻은 실증적 지식이고,
  정책과정에 필요한 지식은 정책과정에 대한 처방적·규범적 지식과 정책의 실질적
  내용을 뒷받침하는 이론이나 모델 등의 실질적 지식(substantive knowledge)이다.

특히 극심한 인종차별로 초래된 흑인폭동사건과 월남전 참전을 거부하는 대학가와 젊은층의 저항 등으로 사회적 혼란이 심각하였다. 한편, '위대한 사회The Great Society의 건설'이라는 슬로건을 내세운 Johnson 행정부는 흑인을 비롯한 저소득층의 복지향상을 위하여 대대적인 사회정책을 추진하게 되었다. 이와 관련하여 연방정부는 사회적 혼란의 원인을 규명하고 그 해결책을 모색하기 위해 정치행정학자들의 도움을 요청하기에 이르렀다. 그러나 사실판단에만 국한된 논리실증적 접근의 행태주의적 학문연구를 추구하던 학계는 이러한 정부의 당면문제 해결에 실질적인 도움을 제공하지 못하였다. 사회문제의 정확한 파악과 그에 대한 해결방안의 제시를 위해서는 사실판단과 가치판단을 종합한 처방적 지식이 필요하였기 때문이다.

정부의 이러한 정책추진에 학계가 별다른 지적 지원을 제공하지 못함에 따라 소장학자들을 중심으로 이에 대한 비판이 시작되었다. Easton의 주장에 따르면, 정교한 과학적 방법이 가능한 연구대상에만 집착하기보다는 현재의 급박한 사회문제해결을 위한 적절한 연구가 필요하고, 가치에 대한 연구 및 새로운 가치의 개발을 연구대상으로 하여서 인류의 가치를 보호하고 사회를 개혁하는 데 기여하는 것이 정치학에 요구된다는 것이다. 한편 행정학계에서도 종래의 행정학이 정치 내지 정책결정에 만족할 만한 이론적 지원을 제공하지 못했다는 Waldo의 주장에 기반을 두고, 기존의 행정학 연구방법에 대한 반성과 함께 '신행정학'New Public Administration이라는 종래와는 다른 새로운 시각에서 행정학을 연구하기 시작하였다.

　　이러한 두 학계의 움직임은 논리실증적 사실판단의 행태주의에서 후기행태주의post-behavioralism를 지향하는 연구방법으로의 변화를 가져오게 하였다. 그러나 행태주의의 제한된 연구대상에 대한 비판으로부터 발단이 된 후기행태주의는 행태주의적 연구방법을 완전히 배제하자는 것이 아니라 가능한 범위 내에서 사회문제 및 정치문제의 해결에도 적용하자는 것이었다. 다시 말하자면, 현실을 도외시한 '연구를 위한 연구'가 아니라 현실문제의 해결에 도움이 될 수 있는 학문연구를 추구하자는 것으로서 정책지향적 연구를 강조하였던 것이다. 이러한 입장에서 시작된 신행정학은 사회문제해결을 위한 적실성과 대응성, 사회적 형평성의 실현, 행정에 대한 주민참여와 행정책임, 가치중립적이 아닌 가치판단적 연구, 새로운 변화를 추구하는 변동지향성 등을 강조하였다.

　　1960년대 후반 미국 연방정부가 추진한 다양한 정책에 대한 이론적 지원과 함께 정책학 교육을 위한 대학원이 설립되는 등 정책연구가 급속하게 성장하기 시작하였다. 1970년대에 이르러 더욱 심화되는 도시문제, 환경문제, 에너지 문제 등에 대한 문제중심의 정책연구가 본격적으로 발전하였다. Lasswell은 *A Preview of Policy Science*(1971)에서 정책학이 추구해야 할 세 가지 속성으로, 문제해결에 관심을 가지는 문제지향성 problem orientation, 문제해결을 위한 의사결정이 관련 영역이나 학문 간의 경계를 초월하는 보다 큰 사회적 과정의 부분에 해당됨을 의미하는 맥락성contextuality, 정책연구를 위해 이용되는 방법이나 기법의 다양성diversity 등을 제시하였다. 또한 Dror는 그의 저서들을 통해 정책연구의 패러다임paradigm[2]을 제시하고자 하였으며, 특히 보다 바람직한 정책결정과 관련하여 meta-policy making과 mega-policy making이라는 상호보완적인 개념을 소개하였다.[3] 정책연구에 대한 이러한 변화와 노력에도 불구하고 정책연구에 대한 보편적인 분석틀이 도출된 것은 아니어서 연구의 내용이 학자들마다 매우 다양하게 제시되었다.

3. 정책연구의 목적과 특징

정책은 국가 공동체가 현재 당면하고 있는 문제나 미래에 직면하게 될 과제의 해결을 위한 정부의 전략수단이며, 이러한 전략수단의 실천 노력을 통해 구성원들의 삶의 질을 향상하는 데 목적이 있다. 따라서 정책연구는 문제해결이라는 실천적 목표를 가지고 여러 학문분야로부터 원용하여 가치판단을 위한 규범적normative 접근과 사실판단을 위한 실증적positive 접근을 통해 문제해결에 필요한 논리, 이론, 기법 등을 제공하고자 한다. 정책연구는 정책결정, 정책집행, 정책평가 등에 관한 지식 및 필요한 지식을 제공함으로써 정책체제에 대한 이해를 증진시키고 개선하는 것과 정책과정의 합리성을 제고하는 것 등을 목적

---

2 패러다임(paradigm)은 Thomas Kuhn이 제시한 용어로서 대략적으로 말하자면, 사람들의 견해나 사고를 근본적으로 규정하고 있는 테두리로서의 인식의 체계, 또는 사물에 대한 이론적인 틀이나 체계를 의미하는 개념이다.

3 meta-policy making은 정책결정체제의 구조, 절차, 인력, 투입과 산출 등의 실제 현상을 기술하고 설명하는 데 사용될 수 있는 개념이고, mega-policy making은 정책결정의 전략, 상위목표, 기본가정, 개념적 틀, 정책수단 등을 의미하며, 이들은 상호보완적 차원이다.

으로 한다. 궁극적으로는 인간사회의 근본적인 문제들을 보다 합리적으로 해결함으로써 인간의 존엄과 가치human dignity and value를 충분하게 실현하는 것이 정책연구의 목적인 것이다(Lasswell, 1951).

　이러한 목적을 추구하는 정책연구는 다음과 같은 몇 가지 특징을 지닌다. 첫째, 사회문제를 해결하는 데 도움을 줄 수 있는 사실, 자료, 정보, 전략이나 대안의 탐색 및 개발에 초점을 둔 문제해결지향성이다. 시시각각으로 끊임없이 발생하는 수많은 사회문제들에 대해 학자들은 자신들의 연구가 이러한 현실문제의 해결에 도움을 줄 수 있어야 한다는 점을 강조한다. 따라서 정책연구는 사회문제의 인지에서 출발하여 문제의 성격규명, 그리고 해결대안의 탐색과 선택에 이르기까지 주로 문제의 바람직한 해결에 관심과 노력을 집중한다. 둘째, 정책을 통해 미래의 바람직한 상태를 추구함에 있어서 무엇이 바람직한 상태이고 대안인가를 판단하는 가치지향성이다. 문제해결의 기준에 대한 당사자와 관련자 그리고 사회 구성원들의 주관적 가치는 지역과 시간, 경제적 여건, 정치적 상황 등에 따라 다를 수 있기 때문에 이것을 객관화시키기 위한 지속적인 노력이 요구된다. 셋째, 사회 내 불특정 다수의 구성원들이 당면한 고통이나 그들이 해결하지 못하고 있는 문제해결에 관심을 두는 공익지향성이다. 이처럼 공공성을 지닌 문제를 해결하기 위해 노력하면서 그 목표나 결과는 항상 불특정 다수의 국민에게 이익이나 혜택을 제공할 수 있는 공익의 구현이라는 점을 주요 기준으로 삼는다. 정책을 통해 사회에 보편화된 가치, 공동체의 이익, 사회적 약자의 이익 등을 추구하기 때문이다.

　그 외에도 정책연구는 사회가 당면한 다양한 문제들을 해결하기 위해 여러 관련 학문분야의 지원과 활용이 요구되는 다학제multi-disciplinary 및 학제간interdisciplinary 성격을 지닌다. 정부가 해결하고자 하는 문제는 사회 내의 모든 분야로부터 야기될 수 있기 때문에 그에 대한 원인규명과 대안제시를 위해서는 각각의 해당 학문영역으로부터 이론과 기술 및 연구방법을 도입 및 활용하는 것이 필요하다. 또한 정책을 통해 해결이 요구되는 이러한 사회문제들의 대부분은 그 자체가 독자적으로 존재하기 보다는 특정한 지역, 사회, 제도, 사람들과의 상호관련 속에서 야기되기 때문에 해당 및 관련 상황에 대한 분석과 판단은 물론 정책대안의 탐색과 선택에 있어서도 이러한 상황적 또는 맥락적contextual 접근이 요구된다.

4. 정책연구의 대상

정책이 바람직한 사회상태의 실현이라는 목표달성을 위해 필요한 정책수단에 대해 정부가 결정한 기본방침이라는 점에서, 정책연구의 주요 대상은 정책목표와 정책수단 그리고 그와 관련된 정책과정이라고 할 수 있다. 따라서 정책연구의 대상은 정부의 정책은 물론 정책과정 상의 여러 활동과 정책체제 및 그 체제를 둘러싸고 야기되는 여러 현상을 포함한다. 다시 말하자면, 정책뿐만 아니라 정책의제설정, 정책결정, 정책집행 등의 정책활동과 이들 활동에 필요한 정보를 제공하는 정책분석 및 정책평가 등의 지적작업, 그리고 관련 제도 및 현상, 이론, 철학, 가치 등이 정책연구의 대상에 해당한다.

정책연구의 대상과 관련하여 보다 구체적으로 살펴보면, 정책의

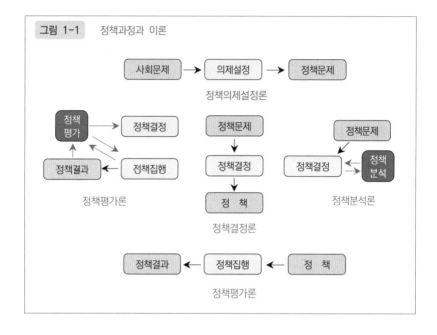

그림 1-1   정책과정과 이론

제설정은 수많은 사회문제들 가운데 정부의 정책적 개입이 필요한 정책문제를 채택하는 활동이며 정책의제로 채택된 사회문제를 정책문제라고 한다. 정책결정은 문제해결을 가능하게 하는 정책목표를 설정하고 대안을 탐색 및 개발하여 최적의 대안을 채택하는 활동이며 그 결과물이 정책이다. 이때 바람직한 정책이 산출되는데 필요한 정보를 산출하여 합리적인 정책결정이 가능하도록 제공하는 지적작업이 정책분석이다. 정책집행은 결정된 정책을 구체화하여 실천 가능한 계획을 수립하고 현실에 적용하는 활동이다. 이러한 정책집행의 과정과 내용 또는 그 결과를 검토하고 판단하여 정책결정 및 정책집행 등에 활용될 수 있도록 정보를 제공하는 지적작업이 정책평가이다. 이들 대상별 주요 연구분야는 [그림 1-1]과 같이 정책의제설정론, 정책분석론, 정책결정론, 정책집행론, 정책평가론 등이 있다. 이처럼 정부의 정책활동 외에도 정책활동의 합리성을 제고하기 위한 지적작업은 물론 정책활동과 지적작업을 이해하거나 촉진하는데 연관된 여러 요소 및 영역 또한 정책연구의 대상에 포함된다.

5. 정책연구의 방법

정책연구의 방법은 사회문제의 영역이나 성격만큼 다양하고 복잡하다고 할 수 있다. 정부가 정책을 통해 해결해야 하는 사회문제 자체가 사회 전반에 걸쳐 다원적이고 다면적으로 복잡하게 얽혀있어서 정책연구의 방법 또한 문제해결에 관련되는 여러 기법을 모두 이용하고 있기 때문이다. 따라서 그에 대한 접근방법과 연구방법 또한 다양성을

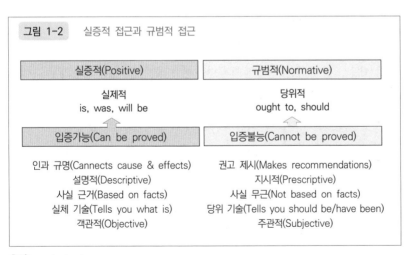

그림 1-2 실증적 접근과 규범적 접근

실증적(Positive)	규범적(Normative)
실제적 is, was, will be	당위적 ought to, should
입증가능(Can be proved)	입증불능(Cannot be proved)
인과 규명(Cannects cause & effects) 설명적(Descriptive) 사실 근거(Based on facts) 실체 기술(Tells you what is) 객관적(Objective)	권고 제시(Makes recommendations) 지시적(Prescriptive) 사실 무근(Not based on facts) 당위 기술(Tells you should be/have been) 주관적(Subjective)

출처: marketbusinessnews.com

지니게 된다. Lasswell, Dror 등의 정책학자들이 연구방법의 다양성을 강조한 바 있으나, 그 다양성으로 인하여 정책연구의 방법들을 체계적으로 분류하여 제시하는 것이 간단하지 않은 작업이다. 그럼에도 불구하고 정책연구의 방법은 크게 경험적·실증적 접근방법과 규범적·처방적 접근방법으로 구분될 수 있다.

1) 경험적·실승석 섭근방법

경험적·실증적 접근방법empirical-positive approach은 과학적 방법에 의한 법칙 또는 이론의 정립뿐만 아니라 과거와 현재의 경험과 사실에 대한 기술description과 설명explanation 등을 위한 존재sein에 관한 연구이다. 이 접근방법의 대표적 형태는 경험한 사실에 관한 정확한 기술과 객관적인 자료를 찾아내는 연구이다. 특정 정책의 정책활동을 중심으로 문제해결을 위해 정책과정에서 취해졌던 조치나 야기된 사실들을 반드시 필요로 한다. 정책문제로 인하여 고통을 받고 있는 사람의 수, 피해의 심각성 정도, 해결을 위해 제시된 대안의 내용, 최종적으로 선택된 대안, 정책의 내용, 정책과정에서 이루어진 활동과 초래된 현상 등에 관하여 가능한 정확하고 객관적으로 기술된 자료를 활용한다.

또 다른 한 가지 형태는 과학적 연구방법에서의 법칙정립과 같이 정책연구에서도 일정한 법칙성을 찾아내는 연구이다. 이를 테면, '국민소득이 향상되면 정부의 사회복지정책이 강화된다'와 같은 가설을 먼저 설정하고 관찰observation에 의하여 타당성이 검증되면 법칙으로 받아들이고 그렇지 않으면 기각 과정을 거친다. 이러한 과정에서 관련된 가능한 모든 현상들을 계량화하여야 하는데, 정책연구에서는 계량화가 가능한 변수가 한정되어 있어서 법칙성 연구에 한계가 있다. 따라서 정책과정상의 동태적 활동이나 정치권력적 작용 등에 대한 연구영역에서는 그 유용성이 다소 미약하겠으나 상대적으로 계량화 가능성이 높은 예산정책이나 정책분석, 정책평가 등의 영역에서 그 유용성이 크다.

2) 규범적·처방적 접근방법

규범적·처방적 접근방법normative-prescriptive approach은 문제해결 지향성과 실용성이라는 공통된 특성을 가지고 있으나 서로 구별되는 개념이다. 먼저 규범적 접근방법은 바람직한 가치가 무엇인가에 대한 판단을 추구하는 당위sollen에 관한 연구이다. 이 방법은 사실facts에 대한 규명이 아니라 규범norms을 연구대상으로 하기 때문에 특정 가치에 대한 옳고 그름, 좋고 나쁨과 같은 가치판단적 접근을 한다. 따라서 규범적 접근방법에 의한 정책연구는 대개 정책이 추구하는 가치에 대해 지지 또는 반대하는 정책주장policy claims으로 나타난다. 이때 그 근거는 다양할 수 있으나 개개인의 감정적 표현이나 선호에 의지하지 않고 사회에서 통용되는 이상적 기준ideal standard, 이를 테면 정치적 실현가능성, 경제적 실현가능성, 기술적 실현가능성, 행정적 실현가능성, 윤리적 실현가능성 등과 일치할 때 타당성을 확보할 수 있다.

처방적 접근방법은 인지된 정책문제를 해결하는 데 필요한 최선의 수단을 탐색하고 제시하기 위한 연구이다. 마치 환자에 대한 의사의 처방과 마찬가지로, 정책문제의 해결을 위해 구체적인 전략을 제공하기 위해 규범적으로 설정된 정책목표를 가장 효율적으로 달성할 수 있는 수단인 정책대안을 찾아내는 연구이다. 이러한 처방적 연구를 위해서는 경험적·실증적 접근방법에서 사용하는 과학적 연구방법과 규범적 연구방법이 혼용되는 경우가 많다. 정책목표를 달성하기 위한 최선의 정책수단을 선택하는 경우에 과학적 연구방법을 통해 그 수단과 정책목표 간에 인과관계를 찾아내거나 이미 축적된 지식을 활용하기 때문이다.

경험적·실증적 접근방법을 통해 도출된 인과관계와 지식은 우리가 당면한 사회문제의 해결에 방향을 제시해 주고, 규범적 접근방법은 문제해결과 관련한 판단과 선택에 있어서 사회적 가치기준을 제공해 주며, 처방적 접근방법은 문제해결을 위해 이미 확인된 인과관계와 축적된 지식을 토대로 최선의 해결전략을 모색하여 제시해 준다. 이러한 점에서 경험적·실증적 접근방법과 규범적·처방적 접근방법이 포괄적으로 수용되고 상호보완적으로 활용될 때 보다 바람직한 정책연구가 가능하게 된다.

02 정책의 본질

1. 정책의 개념

일상에서 우리는 정책이라는 용어를 자주 그리고 다양하게 사용하고 있음에도 불구하고 보다 엄격히 살펴보자면, 주체가 정부인 공공정책public policy의 의미로 제한하여 사용하고 있음을 알 수 있다. 그 이유는 특정 상황에 대한 목적지향적인 일련의 원칙이나 방침을 의미하는 정책policy[1]을 개인이나 집단 또는 기업 또한 지니고 있지만, 우리의 언어적 관습은 사적 영역에서 이를 정책이라 표현하지 않고 대개의 경우, 원칙, 방침, 방식 등으로 표현하기 때문이다. 따라서 우리가 일상생활뿐만 아니라 정책연구 등의 영역에서 사용하는 정책이라는 표현은

---

1 정책의 영어 표현인 policy는 도시국가를 의미하는 polis라는 그리스어에서 유래되어 국가라는 의미의 politia라는 라틴어로 그리고 중세에 와서는 공공문제의 처리를 의미하는 policie로 바뀌었다. 근래에 이르러 공·사 문제에 대한 신중하고 지혜로운 관리, 정부, 단체, 개인 등이 선택한 일정한 행동 방식이나 방법으로 현재와 미래의 지침(Presthus, 1975: 15) 등과 같이 폭넓고 다양한 의미를 지닌 policy로 사용되고 있다. 이처럼 어원적으로 polis는 경찰(police), 정치(politics), 정책(policy) 등과 같이 정치의 영역 또는 정부의 활동과 관련하여 폭넓게 사용되고 있다.

공공정책public policy을 의미하는 것으로 이해될 수 있다. 이러한 점에
서 정책의 범위가 공적 차원으로 한정되기는 하지만, 사용자의 관점이
나 목적, 기본가치, 접근방법 등에 따라 여전히 다양하게 규정되고 있
다. 하지만 이처럼 다양하게 규정되는 개념들은 어떤 측면을 포함하거
나 중시하느냐에 따라 나타나는 차이라는 점에서 상호보완적이라고 할
수 있다.

정책의 개념에 대한 몇 가지 정의를 소개하면, 정부가 하기로 혹
은 하지 않기로 결정한 모든 것(Dye, 2002),[2] 집단 간의 타협과 조정의
산물(Lindblom, 1968),[3] 특정 문제나 관심사를 다루는 정부의 목적지향
적인 행동방침(Anderson, 2003),[4] 정부가 직접 또는 간접적으로 국가 구
성원의 삶에 영향을 미치는 총체적 활동(Peters, 1999)[5] 등과 같다. 제시
된 다양한 정의들은 정책의 특정 측면, 즉 목적, 방법, 주체, 대상이나
미래지향성, 가치함축성, 공익지향성, 정치적 성격, 지침적 성격 등과
같은 특성에서 각기 다른 강조점을 두고 있음을 알 수 있다. 이 책에서
는 정책의 개념을 '바람직한 사회를 실현하기 위해 목표와 수단에 대
하여 정부가 관련 집단과의 상호작용을 통해 결정한 기본방침'으로 정
의한다.

---

2 What government chooses to do or not to do.

3 A result from a process of interaction and mutual adaptation among a
multiplicity of actors.

4 A purposive course of action followed by an actor or set of actors in dealing
with a problem or matter of concern.

5 The sum of government activities, whether acting directly or through agents, as
it has an influence on the life of citizens.

　　정책의 개념을 이와 같이 정의할 때 그 속에 내포되는 속성들은 다음과 같다. 첫째, 정책은 기존 문제의 해결뿐만 아니라 장래의 예견되는 문제에 대한 예방이나 변화를 유도하여 바람직한 상태를 달성하고자 하는 것이다. 따라서 정책은 궁극적으로 사회의 공동선을 추구하는 가치함축적이고 미래지향적인 의도이다. 둘째, 정책은 공동체가 지향하는 목표와 이를 달성할 수 있는 수단으로 구성되는데, 이는 집행활동은 물론 하위결정이나 판단의 지침 또는 기준으로서 기능한다. 따라서 추상적이고 거시적이며 총체적이라는 점에서 기본방침으로서의 기능을 하며, 집행과정에서 보다 세밀하게 구체화되어 실천된다. 셋째, 정책은 사회의 여러 이익과 가치들이 다양한 이해관계 집단들 간의 경쟁과 타협 및 조정을 통해 수렴되는 매우 복잡하고 동태적인 과정을 거친다. 따라서 산출되는 정책의 내용과 결과에 못지않게 과정의 진행 방식과 절차 또한 중요시 된다. 마지막으로, 정책의 주체는 개인이나 사적 집단이 아닌 정부의 공공기관이라는 것이다. 물론 외부의 개인 또는 집단이 문제를 제기하거나 주도할 수도 있고 정부로부터 권한을 위임받은 집단도 정책의 주체가 될 수 있지만 궁극적으로는 그 문제에 대해 정책을 결정하는 것은 국민으로부터 권위를 부여받은 정부기관이다.

2. 정책의 관련 개념

　　정책과 관련하여 유사한 의미로 사용되거나 혼용되는 표현들이 다수 있는데, 그 가운데 대표적인 몇 가지를 소개함으로써 서로 간에 보다 정확한 구분과 이해에 도움을 주고자 한다. 대표적인 관련 개념으로 먼저, 법률law, 프로그램program, 프로젝트project를 들 수 있다. 오늘날 행정부의 정책의지가 입법부를 통과하면서 법의 형태로 표현되는 경우가 많아서, 법률이 정책 자체의 표현이이거나 정책 시행을 보장하는 방편 또는 정책의 지침으로 사용된다(최송화, 1985). 한편 프로그램과 프로젝트는 정책과 마찬가지로 정책목표를 달성하기 위해 사용된다는 점에서 동일하지만 그 범위나 초점에서 차이가 있다. 프로그램은 서비스 제공과 같은 특정 역할에 초점이 주어지고 프로젝트는 단위사업으로서 프로그램을 구성하는 반면, 정책은 이들을 포함하는 보다 포괄적인 개념이라고 할 수 있다.6

그 밖의 개념으로는 가치판단, 의사결정과 정책결정, 정책결과의 관련 개념으로 정책산출, 정책성과, 정책영향, 정책효과 등이 있다. 흔히 정책을 가치판단의 영역으로 일컫기도 하는데, 이는 정책에 내재된 가치 때문이다. 가치value는 바람직스러운 것을 의미하며 가치판단은 바람직스러움의 유무와 정도를 결정하는 활동이다. 사회문제의 표출에서부터 그에 대한 대응으로서의 정책을 결정 및 집행하는 일련의 과정에서 정책관련자와 이해관계자들이 추구하는 가치는 물론 사회구성원들의 가치가 수렴되어 내재하게 된다. 이러한 과정을 거쳐서 정책에 내재된 가치이든 정책을 통해 획득되는 가치이든 결국 다른 경쟁적 가치들에 비해 얼마나 더 바람직한 것인가에 대한 판단결과인 것이다.

다음으로, 정책과 관련하여 의사결정과 정책결정의 두 개념은 종종 혼동되고 있다. 의사결정이 주어진 조건 하에서 가장 바람직스런

---

6 프로젝트는 프로그램을 구성하는 경우가 대부분이지만 영종도신공항건설프로젝트와 같은 대단위 프로젝트는 그 자체가 하나의 정책인 경우도 있다(노화준, 1998).

결과를 가져올 수 있는 최적의 대안을 선택하는 행위이며, 개인적 및 집단적 차원에서는 물론 사적 및 공적 차원에서도 이루어지는 행위라는 점에서 정책결정을 포함하고 있다. 그러나 정책결정은 그 주체와 차원에서 의사결정과 구분될 수 있는데, 그 주체가 정부로 한정되며 사회 공동체가 추구하는 가치를 실현하기 위해 공적 차원에서 이루어진다는 점과 규범성, 강제성, 공공성의 성격을 지닌다는 점이다.

마지막으로, 정책집행을 통해 나타나는 상태를 의미하는 정책결과와 관련하여 정책산출policy output, 정책성과policy outcome, 정책영향policy impact, 정책효과policy effect 등의 개념이 있다. 정책산출은 정책집행으로 인해 단기간에 나타나는 일차적 현상으로서 대부분 관찰이나 측정이 가능하며 정책대상자에게 전달되는 결과물을 의미한다. 정책성과는 측정이나 관찰이 어려운 경우도 포함되는데, 정책산출에 비해 장기적으로 나타나는 결과로서 정책을 통해 정부가 의도한 변화를 의미한다. 그리고 정책영향은 정책성과보다 더 장기적으로 나타나는 변화로서 정부가 의도하지 않은 결과까지도 포함된다.7 한편 이들과 다소 다른 의미인 정책효과는 정책집행이 초래한 결과가 정책목표의 달성에 기여하는 현상을 의미하는데, 즉 목표달성의 정도를 효과성effectiveness이라 한다.

---

7 예를 들자면, 사회복지프로그램의 집행에 따른 수혜자의 수가 정책산출, 대상자의 영양상태 개선이 정책성과, 사회적 생활만족도의 향상 및 복지혜택을 위한 비영세민의 영세민화가 정책영향에 해당한다.

3. 정책의 성격

모든 개별 정책들은 각각의 내용이나 유형 등에 따라 서로 다른 성격을 갖는다. 그럼에도 불구하고 대부분의 정책들은 일정한 공통적인 속성을 지니는데, 정부에 의해 형성 및 집행되는 정책들이 갖는 보편적인 성격을 정리하면 다음과 같다.

첫째, 어떤 정책이든 궁극적으로는 특정한 가치를 실현하려는 의도를 가진 가치함축적 성격을 지닌다. 정책은 궁극적으로는 그 공동체가 추구하는 마땅한 것, 바람직한 것, 다수가 요구하거나 기대하는 것, 즉 규범적이고 공익적인 특정한 가치를 실현하고자 한다.

둘째, 정책은 만족스럽지 못한 현실을 개선함으로써 미래의 보다 바람직한 상태를 실현하고자 하는 미래지향적 성격을 갖는다. 모든 정책은 추구하는 가치를 위한 목표와 전략을 미래의 특정 시점에 맞추고 그 시점을 향해 노력을 집중시키게 된다.

셋째, 정책은 현재와는 다른 변화된 상태를 추구하는 변화지향적 성격을 지닌다. 정책을 통해 자연현상이든 사회현상이든 현실에 대한 변화를 도모하는데, 사회제도나 질서는 물론 사고방식이나 행동양식의 변화를 시도하기도 한다.

넷째, 정책은 국민의 요구와 지지에 대한 정책체제의 반응·결과이며 그 과정에서 정치적 실현가능성, 정치적 합리성, 정치적 책임성 등이 중요 요소로 작용하는 정치적 성격을 내포하며, 권위authority 있는 정부8에 의해 선택된 공식적 산물이기 때문에 시행과정에서 강제적 성

---

8 정부는 국민에게 통치권을 행사할 수 있는 권위를 인정받은 존재이며, 권위는 국민

격을 갖는다.

다섯째, 정책은 그 목적이나 내용을 실현시키기 위해 실제로 집행 과정을 통해 그것을 행동으로 옮기는 실천지향적 성격을 갖는다. 정부의 일회적 선언이나 공식적 표명만으로 종료되는 극히 예외적인 경우도 있지만, 대부분의 정책은 구체적이고 실질적인 집행 활동과 절차를 수반한다.

여섯째, 정책은 합리성에 의거하여 대안의 탐색과 개발 그리고 분석과 평가를 통해 선택과 결정이 이루어지는 최적의 결과물이다. 그러나 다른 한편으로는 그 내용에 따라 이해관계를 달리하는 집단들 간의 협상과 타협이라는 상호작용을 거쳐 도출되는 절충의 산물이기도 하다. 이런 점에서 합리와 절충의 양면적 성격을 갖는다.

마지막으로, 정책은 사회 상태 및 요구에 대한 대응이라는 점에서 관련 상황에 따라 바뀔 수 있는 가변적 성격을 가진다. 정책은 결정 당시의 상황과 집행 당시의 상황이 서로 다를 수 있기 때문에 성공적인 집행을 위해서는 시간적 및 공간적 상황에 따라 적절히 조정 또는 변화되는 것이 오히려 바람직할 수도 있다.

4. 정책의 구성요소

정책의 개념에는 여러 가지 요소들이 내포되어 있는데, 그 가운데 정책목표, 정책수단, 정책대상을 정책의 3대 구성요소라 한다.

이 정부에게 위임한 합법적인 영향력이다.

1) 정책목표

정책목표policy goal는 정책을 통해 달성하고자 하는 미래의 바람직한 상태desirable state를 의미한다. 정책적 개입 없이는 도달할 수 없는 바람직한 상태를 실현시키고자 하는 의지의 방향성을 제시한다는 점에서 정책목표는 정책의 존재이유이며 또한 정당성의 근거가 된다. 한편 정책목표는 정책과정에서 정책수단의 선택기준, 정책집행의 활동지침, 집행과정과 정책결과의 평가기준으로서의 기능을 수행한다. 그런데 정책목표는 무엇이 바람직한 상태인가라는 가치판단이 내재된 주관적 속성을 지니며, 다양한 이해관계자들에 의해 절충의 상호과정을 거쳐 공동의 가치로 수렴되면서 대부분 포괄적이고 추상적이며 모호하게 표현되거나 제시된다. 그럼에도 불구하고, 정책수단의 선택은 물론 정책집행과 정책평가 활동이 효율성을 확보할 뿐만 아니라 궁극적으로 실현 가능성을 높이기 위해서는 정책목표가 보다 구체적으로 명확하게 제시되는 것이 바람직하다.

정책은 다양한 정책목표를 내포하고 있는데, 이들 정책목표는 내용적 성격에 따라 상호 보완적이거나 모순적인 관계로 구분되거나, 인과적 수준에 따라서는 목표−수단의 계층hierarchy 관계로 구분될 수 있다. 이와 같은 계층적 구조에서 상위목표−하위목표 또는 목표−수단은 상대적 상호관계로 파악될 수 있는데, 하나의 정책목표는 보다 상위목표에 대해서는 하위목표 또는 수단으로서 기능하며, 보다 하위목표 또는 수단에 대해서는 상위목표로서 기능한다. 한편, 정책목표는 발생된 문제 상태를 개선하고자 한다는 점에서 사후적, 치유적, 소극적

목표와 아직 발생하지 않은 위험성을 차단하거나 경험하지 않은 보다 나은 상태를 추구한다는 점에서 사전적, 예방적, 적극적 목표로 구분될 수 있다.

2) 정책수단

정책수단policy instrument은 정책목표를 달성하기 위해 사용되는 방법이나 도구로서, 인적·물적 자원은 물론 지식, 기술, 정보, 전략, 신뢰, 시간 등과 같은 무형의 자원을 포함한다. 정책수단의 사용과 관련하여, 이해관계에 따라 관련 집단은 물론 일반 국민들에게도 직접적인 영향을 미칠 수 있다. 따라서 어떤 정책수단을 사용할 것인가는 정책결정과정에서 가장 핵심적인 사항이며, 이와 같은 이유에서 정책수단을 선택하거나 결정함에 있어서 효과성, 능률성, 형평성 등의 다양한 가치 기준을 고려하여야 한다. 정책수단은 대부분 복수로 다양하게 나타나는데, 가치기준과 인과관계에 따라 우선순위가 설정되고 그 순위에 의해 정책집행이 이루어진다.

정책수단의 유형은 크게 정책목표의 달성에 직접적으로 기여하는 실질적 정책수단과 실질적 정책수단을 작동시키기 위한 보조적 정책수단으로 구분되고 있다. 실질적 정책수단은 상위목표에 대한 도구적 기능을 수행하며 구체적인 실질적 내용에 따라 달라진다는 점에서 도구적 정책수단이라고 할 수 있다. 한편 보조적 정책수단으로는 유인, 설득, 강압 등이 사용되는데 이는 실질적 정책수단을 실행하는 데 필요한 순응compliance을 확보하는 수단이라는 점에서 실행적 정책수단이라고도 한다.[9] 이외에도 정책집행을 가능하게 하는 다양한 수단으로 정책을 담당하는 기구와 인력, 자금과 공권력, 제도와 기법 등이 동원되는데, 이러한 정책수단들은 실질적 정책수단과 보조적 정책수단에서 모두 사용되고 있다.

3) 정책대상

정책대상policy target은 정책으로 인하여 영향을 받게 되는 개인, 집단, 계층 또는 지역 등을 말하는데, 정책으로부터 편익이나 혜택을 향유하는 수혜집단과 불이익이나 희생을 부담하게 되는 비용부담집단으로 구분될 수 있다.[10] 이들은 정치권력을 동원하거나 매스컴을 통한 여론 조성 또는 집단적 시위 등을 통해 정책에 대한 지지나 순응 또는 반대나 저항의 의사를 표출한다. 정책대상은 해당 정책으로부터 수혜를 극대화하거나 부담을 최소화하기 위해 정책의 전 과정에 걸쳐 자신들의 입장을 표명하여 정책에 반영되도록 노력한다. 정책과 지속적으로 상호작용한다는 점에서 정책대상은 정책연구의 매우 중요한 변수로 작용한다.

---

9 예를 들자면, 쌀가격 안정이라는 정책목표 달성을 위해서 쌀공급 증대, 쌀수요 감소 등의 실질적 정책수단이 사용되고, 또한 쌀공급 증대를 위해서 민간보유미 방출이나 정부보유미 방출 등의 실질적 정책수단이 사용될 수 있다. 한편, 민간인이 쌀시장에 그들이 보유한 쌀을 방출하지 않으면 현실적으로 쌀공급 증대가 불가능하므로, 민간보유미 방출이라는 실질적 정책수단의 실현에 필요한 순응을 확보하기 위해 설득, 유인, 강압 등의 보조적 또는 실행적 정책수단이 사용된다.

10 예를 들자면, 대기오염 감소라는 정책목표를 성취하기 위해 차량배기가스의 통제라는 정책수단을 사용하는 경우, 노후차량 소유자는 자신의 차를 폐차 또는 수리를 해야 하는 비용을 부담하게 되지만, 차량 생산업자, 판매업자, 수리업자 등은 그로 인해 편익을 향유할 수 있기 때문이다.

대부분의 경우, 정책으로 인하여 혜택을 받게 되는 집단은 물론 피해를 입게 되는 집단이 생기는 것은 불가피한 현상이다. 따라서 특정 집단이 비용을 부담해야 하는 경우에는 반드시 정책에 그 내용을 미리 밝히는 것이 바람직하다. 이는 정책집행 과정에서 특정 대상에게 임의로 비용부담을 요구하지 못하도록 할 뿐만 아니라 이러한 피해에 대하여 예측할 수 있고 회피하거나 예방할 수 있는 기회를 갖도록 하는 것이 필요하기 때문이다. 특정 집단의 희생이 비록 규범적으로 필요한 경우라 하더라도 가급적 이를 최소화하거나 회피하는 것은 물론 불가피한 경우에는 그에 대한 국가 차원의 보상을 고려하는 것이 바람직하다.

5. 정책의 유형

정부의 정책 영역과 활동이 점차 확대되고 복잡해짐에 따라 이들을 보다 체계적으로 파악하고 설명해야 할 필요성이 대두되면서 정책의 유형화에 관심이 높아지게 되었다. 정책의 내용에 따라 정책의 과정이 달라질 뿐만 아니라 정책의 유형에 따라 정책의 형성과정은 물론 집행과정도 달라지기 때문에 정책의 유형을 파악하면 해당 정책이 어떠한 과정을 거치게 될 것인지를 예측할 수도 있다(Lowi, 1972; Ripley & Franklin, 1980). 분류에 있어서 기본적 요건인 포괄성과 배타성 등이 충족되어야 하지만, 제시되어 있는 대부분의 정책분류들이 정책의 전체를 포괄하지 못하거나 각 유형들이 상호배타성을 확보하고 있지 못하는 약점을 지니고 있다.[11] 그 이유는 수많은 정책들이 두 가지 이상의 목적이나 기능을 지니는 경우가 많으며 현실적으로 그에 대한 명확한 구분이 쉽지 않기 때문이다.

정책의 유형은 무엇을 기준으로 하느냐에 따라 다양하게 분류될 수 있기 때문에 현실에 존재하는 모든 정책들을 일정한 정책유형으로 분류하려는 것은 불가능하거나 무모한 시도이다. 그럼에도 불구하고 이처럼 정책을 분류하여 유형화하는 것은 복잡한 정책현상을 단순화시켜서 정책을 체계적이고 총괄적으로 보다 쉽게 이해하기 위한 일종의 노력이다. 이와 같은 이유에서 지금까지 수많은 학자들이 여러 기준에 따라 정책의 분류를 시도하였던 만큼 다양한 정책유형이 제시되어 왔다.[12] 정책을 정부의 부처별 기능과 관련하여 분류하는 것이 가장 전통적이고 보편적인 분류방식이다. 이러한 방법은 입법부의 각 상임위원회와 행정부의 각 부처를 반영하여, 교육정책, 노동정책, 교통정책, 복지정책, 산업정책, 안보정책, 환경정책, 보건정책 등으로 분류하는 것이다.

정책에 따라서는 그 기능이 정부의 어느 기관에 속하는지 구분하

---

11 포괄성과 배타성은 현실에 존재하는 모든 정책들이 그 유형에 의해서 포함될 수 있어야 하며, 각 유형은 동일한 기준에 따라 범주로 분류되어야 하고, 각 범주는 상호 뚜렷하게 특징적으로 구별되어야 한다는 것이다(안해균, 1997).

12 예를 들자면, Mitchell & Mitchell(1969)은 정책결정자가 개선하려는 문제의 특징에 따라 자원의 동원 및 배분정책, 규제 및 통제정책, 분배정책, 비용분담정책, 적응 및 안정정책, 정치적 분업 및 역할분담정책 등을, Lowi(1972)는 정부의 강제력(coercion)이 적용되는 대상과 가능성에 따라 분배정책, 규제정책, 재분배정책, 구성정책 등을, Almond & Powell(1978)은 정치체제의 기능적 특성을 중심으로 추출정책, 규제정책, 분배정책, 상징정책 등을 각각 제시하고 있다.

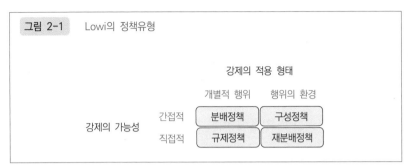

그림 2-1　　Lowi의 정책유형

출처: 한석태(2017)

기 어렵거나 실제로 2가지 이상의 다목적 기능을 의도한 정책들이 증가하고 있기 때문에, 정책유형을 이처럼 기능별로 분류하는 경우 정확한 유형화가 어려울 수밖에 없다. 그럼에도 불구하고 나름의 기준에 따라 학자들이 분류한 여러 유형들 가운데 대표적인 것으로, 구성정책, 추출정책, 상징정책, 분배정책, 재분배정책, 규제정책 등을 제시한다.

　　구성정책은constituent policy 선거구를 획정하고 정부기관을 신설 및 변경하는 등 정책체제의 구조와 운영에 관한 정책을 말한다. 따라서 정부의 부처를 신설하거나 선거구나 지자체의 관할구역을 조정하고 중앙과 지방 혹은 정부부처 상호간의 역할을 배분하는 등 정부기구의 구조나 기능의 구성 및 조정과 관련된 유형이다. 공직자의 보수책정과 연금구조의 수정 등도 이 유형에 해당하며, 특히 선거구의 조정과 관련이 있는 경우에는 모든 정당이 영향력을 행사하려고 한다(최창현·김흥률, 2019).

　　추출정책extractive policy은 정부가 체제유지를 위해 민간부문으로부터 조세나 병역, 노역 등과 같은 각종의 인적·물적 자원을 동원하거나 갹출하는 정책을 말한다. 따라서 추출정책은 정부가 동원하거나 갹출하는 추출물의 종류와 양, 그리고 추출의 대상은 물론 그 방법 및 절

차 등을 포함하고 있다. 정부에 의해서 토지를 강제로 매입하는 토지
수용도 이 유형에 해당하며, 공식조세뿐만이 아니라 각종 부담금, 기부
금, 성금 등과 같은 준조세도 포함된다(정정길 외, 2011).

　상징정책symbolic policy은 다른 정책의 성공적 추진을 위해서 국민
들이 보다 순응하도록 정부에 대한 심리적 신뢰감을 증진시키는 활동
과 관련된 정책을 말한다. 따라서 국기게양, 국경일 제정, 군대 및 관
공서의 각종 의식 등을 통한 애국심 고취, 정치지도자에 의한 평등, 자
유, 민주주의 등의 이념적 호소, 정부에 의한 미래비전 제시, 외국에
대한 합법적 정부의 인정 등이 그 예에 해당한다. 이처럼 상징정책은
정치체제 및 정부의 정통성에 대한 인식 개선은 물론 규제정책과 같은
정부의 정책에 대한 지지와 호응을 확보하려는 유형이다.

　분배정책distributive policy은 정부가 개인, 기업, 집단, 지역 등에
권리나 이익 또는 재화나 서비스를 배분하는 것을 내용으로 하는 정책
이다. 따라서 분배정책은 국민들이 필요로 하는 각종 재화와 서비스를
산출하고 제공하는 것을 목적으로 하며, 항공, 항만, 철도, 고속도로 등
의 사회간접자본의 구축, 국공립학교를 통한 교육서비스 제공, 기업에
보조금이나 융자금 지원 등이 여기에 해당한다. 대부분 국민의 세금으
로 충당되는 자원을 여러 대상에게 배분하는 것이어서, 갈라먹기방식
pork barrel politics이나 상호지원방식log rolling politics으로 이루어지는
경우가 자주 발생하는 것이 특징이다.

　재분배정책redistributive policy은 사회 내의 계층이나 집단 간에 존
재하는 부, 재산, 소득, 권리 등의 차이를 변화시키고자 하는 정책이다.
이러한 정책은 소득에 대한 누진세율의 적용이나 빈곤자에 대한 생활

보조금 지급과 같이 대개 고소득층의 부와 소득을 저소득층에게 이전시켜 주거나 저소득층에게 유리한 각종 사회적 가치를 제공하는 유형이다. 따라서 다른 정책에 비해 사회적 갈등이나 대립을 야기할 가능성이 있다. 그 효과가 주로 경제적이라는 점에서 분배정책과 유사하지만, 특정 대상에서 다른 대상으로 이전시킨다는 점 때문에 필요로 하는 모든 대상에게 혜택을 제공하는 분배정책과는 다르다.

규제정책regulatory policy은 공익을 위해 정부가 개인이나 집단의 특정 권리나 활동을 직접적으로 제한하는 정책이다. 따라서 일부 개인이나 집단에 대해 재산권의 행사나 활동을 간섭 또는 통제하여 반사적으로 다른 개인이나 집단을 보호하려는 목적을 가진다. 권리나 자유를 강제력을 행사하여 제한하므로 법적 근거가 필요하며, 내용에 따라 규제 대상자와 정책으로 인한 수혜자 간에 갈등을 불러일으킬 수 있다. 특히 Ripley & Franklin(1986)은 규제정책을 경쟁적 규제정책과 보호적 규제정책으로 구분하고 있다. 경쟁적 규제정책은 정부가 특정 개인이나 집단을 지정하여 특정 재화나 서비스를 제공할 수 있게 하는 대신 공익을 위해 일정한 측면을 규제하는 정책이다. 해당 재화나 용역은 그것이 지니는 희소성과 그것의 할당방식에 관한 이해관계 대립으로 정부의 개입이 요구되기 때문인데, 정부가 특정 방송 주파수나 채널을 배정하거나 항공노선의 취항을 허가하는 것이 그 예이다. 보호적 규제정책은 다수의 국민을 보호하기 위해 개인이나 집단의 특정 행위나 권리행사를 제한하는 정책을 말한다. 이러한 보호적 규제정책은 강제력을 수반하기 때문에 규제의 내용이나 정도에 따라 규제 대상 개인이나 집단이 반발할 수도 있다. 노동자를 위한 최저임금제, 독과점을 방지하

기 위한 공정거래법, 소비자를 위한 소비자보호법, 식의약품에 대한 사
전허가제 등과 같이 국민생활의 보호를 목적하는 대부분의 규제정책이
이에 해당한다.

정책의 필요성

1. 정부와 시장 그리고 정책

우리는 종종 왜 우리의 문제를 해결하지 않는가라는 불만을 가지고 정부에다 문제해결을 요구하는 반면, 정부는 왜 우리의 사생활에 이렇게 간섭하는가라는 의문을 갖기도 한다. 이처럼 우리는 부지불식간에 자신의 문제에 정부의 개입을 요구하는 동시에 정부의 간섭을 거부하는 양면적 사고를 지니고 있다. 문제해결을 위한 정부의 개입이든 사생활에 대한 정부의 간섭이든 대부분의 경우 정책이나 법률의 형태로 우리에게 제시되거나 적용되고 있다. 정부의 개입이나 간섭으로 표현되는 정책에 대한 우리의 이러한 양면적 사고의 이유는 무엇인가. 물론 그 이유에 대해 여러 가지 다양한 설명이 가능하겠으나, 정부와 시장 그리고 정부의 시장개입이라는 역할과 관계를 바탕으로 정책이라는 측면에 초점을 맞추어 설명하고자 한다.

오늘날 국가 공동체의 구성원으로서 우리 각자의 삶은 정책과 불가분의 관계 속에서 영위되고 있다. 이러한 현실은 우리의 공동체인

국가가 자유민주주의liberal democracy 가치를 전제로 정책을 형성하고
실천함으로써 구성원의 삶에 다양하게 개입하기 때문이다. 이때 자유
민주주의는 구성원 각자의 인간 존엄성을 토대로, 사적 차원에서 개인
의 자유와 권리를 보장하는 자유주의와 공적 차원에서 민주적 절차와
방법에 따라 공동체 의사를 결정하고 실행하는 민주주의가 결합된 국
가운영원리이다. 자유민주주의 국가는 자유주의 시장메커니즘에 의한
자원의 효율적 배분을 통해서 공동체 구성원의 욕구가 가장 바람직한
상태로 충족될 수 있으며, 이러한 메커니즘이 작동하기 위해서는 시장
의 질서유지가 요구되는데 민주주의 정부로 하여금 그 역할을 담당하
게 하는 체제이다. 따라서 바람직한 사회 상태는 시장이라는 보이지
않는 손invisible hand1에 의해 가능하며, 다만 시장의 질서유지를 위해
서 정부라는 보이는 손visible hand의 역할이 필요하다는 것이다.

　역사적으로 보자면, 중세사회의 보통사람들은 신God과 교회 그리
고 전제군주에 의해 정신적으로나 육체적으로 사실상 속박되어졌다.
그러나 르네상스, 종교개혁, 산업혁명 등과 같은 일련의 역사적 대변혁
은 종교와 정치로부터 억압되었던 사람들로 하여금 이들의 구속으로부
터 벗어나 인간으로서의 존엄과 가치를 깨닫게 함으로써 인간성을 회
복하는 소중한 계기를 마련해 주었다. 인간존엄성을 회복하게 된 인류
는 개인주의, 자유주의가 풍미하는 근대국가를 출현시키기에 이르렀

---

1 보이지 않는 손(invisible hand)은 Adam Smith가 *The Wealth of Nations*에서 사용한
용어인데, 서로 다른 경제주체들이 사전 조율 없이 각자의 이기심에 따른 자유로운
선택을 통해 서로에게 유익한 교환을 성사시키고 결과적으로 사회적 이익을 극대화
하는 시장메커니즘을 말한다. 반면에, 보이는 손(visible hand)은 John Maynard
Keynes가 제시한 개념으로, 정부의 시장개입을 의미한다.

다. 그리하여 18세기와 19세기의 서구사회는 개인을 사회의 기본구성 단위로 파악하는 개인주의를 토대로 개인생활에 대한 정부의 간섭을 최소화시킴으로써 '가장 적게 간섭하는 정부가 최선의 정부'라는 이른바 자유민주주의 운영원리에 기초를 둔 야경국가Nachtwächterstaat2를 탄생시키게 되었다.

시장과 정부의 역할에 대한 자유민주주의 운영원리는 사회변화에 따라, 또는 통치이념이나 지도자의 특성에 따라 각기 다르게 변화해 왔다. 근대사회에서 현대사회로 이행해 오는 동안 각각의 시대상황에 따라 통치이념이 바뀌게 되었고, 그에 따른 정부의 기능도 다양하게 변천해 왔다. 사회 발전과 변화가 지속되면서 시장메커니즘이 바람직한 사회 상태를 실현하고 유지하는 기능을 적절하게 수행하지 못하는 원인과 현상이 출현하게 되면서, 이에 대한 대응으로서 정부가 정책의 형태로 시장에 개입하는 것이 불가피하게 되었다. 다시 말하자면, 시장 메커니즘이 바람직한 사회 상태를 달성하지 못하는 이른바 시장실패 현상이나 자본주의가 지닌 약점과 같은 시장의 불완전성을 보정하기 위해 정부의 개입이 필요하게 되는데, 이러한 맥락이 정부 정책의 필요성의 근거로 제시되기도 한다.

정책은 바람직하지 못한 사회상태, 즉 시장실패에 따른 사회문제를 해결하기 위한 정부의 시장개입이라는 점에서 시장실패에 대한 처

2 국가의 임무를 대내외적 질서인 국방과 치안 유지의 확보 및 최소한의 공공사업에 국한하고, 그 외의 활동은 개인의 자유에 맡기는 것이 바람직하다는 국가관을 의미하지만, 본래는 독일의 Ferdinand Lassalle이 자유주의 국가를 부르주아의 사유재산을 지키는 야경꾼에 지나지 않다고 비판하며 만들어낸 표현이다(이종수, 2009).

방적 대응이라 할 수 있다. 오늘날 그 대응 방식과 수준 그리고 내용에 있어서는 각기 처한 현실과 그에 대한 입장에 따라 다양하게 나타난다. 그럼에도 불구하고 정책의 필요성에 대해 논란의 여지가 없는 것은 시장의 불완전성에 대한 정부의 정책적 개입이 불가피하기 때문이다. 다만, 정부의 개입에 있어서 그 범위와 정도는 여전히 사회공동체가 추구하는 이념과 가치 그리고 공동선 등에 따라 차이를 보인다는 것이다.

한편 오늘날의 현실은 세계화로 인해 이미 국경 없는 무한경쟁의 현장이며, 역사상 유래 없는 변화의 소용돌이 속에서 각국은 변화와 경쟁에 대응할 수 있는 새로운 국가발전 전략을 구축하지 않을 수 없게 되었다. 그러나 국가 간 이해관계와, 정부와 기업 그리고 국민 간의 갈등과 마찰로 모든 국가들이 예외없이 어려움을 겪고 있다. 국내외 환경이 바뀔수록 각국 정부는 자국의 이익과 발전을 위한 새로운 전략과 정책 추진에 고심하고 있다. 변화에 대응하기 위한 대응 전략과 수단이 또 다른 변화를 유발하여 결국은 변화가 변화를 초래하는 변화의 증폭현상이 나타나고 있다.

이러한 국내외 환경 속에서 정부는 국가발전의 주체로서 그 역할을 적극적으로 수행하고 있다. 국가발전은 한 국가가 사회 전반에 걸쳐 추진하는 바람직한 변동을 말하는데, 질적 변화와 양적 성장을 내포하는 가치지향적이고 목표지향적인 개념으로서 결국 국가의 문제해결 능력의 향상을 의미한다. 오늘날 어떠한 정부든 간에 국가발전을 위한 정부의 역할은 점차 확대되고 있으며 적극적이고 창도적인 정부정책으로 나타나고 있다. 결국, 보다 바람직한 사회상태를 실현하기 위해서 정부는 문제해결을 위한 소극적이고 처방적인 정책에서 적극적이고 창도적인 정책에 이르기까지 매우 광범위하고 다차원적으로 정책활동을 수행하고 있다.

2. 시장실패와 정부개입

각자 자신의 만족을 최대화 할 수 있는 자유로운 선택이 가능한 이른바 자유완전경쟁 조건이 충족된 시장메커니즘 하에서는 자원배분의 효율성이 극대화가 이루어지는 파레토최적Pareto Optimum이 달성된다. 다시 말하자면, 자유주의 시장메커니즘 하에서는 각 주체마다 효용이 최대화가 달성되어 어느 누구에게 손해가 가도록 하지 않고서는 다른 누구에게도 이득이 되지 못하는, 즉 더 이상의 개선이 불가능한 상태에 이른다는 것이다. 따라서 시장이 이러한 조건을 유지하지 못하는 경우, 시장에 의한 자원배분의 효율성이 최적의 상태인 바람직한 사회상태에 이르지 못하는 시장실패market failure 현상이 발생하게 된다.

시장실패는 사회가 시장의 자율적 기능에 의해 바람직한 상태를 유지하지 못하거나 바람직한 방향으로 변화되지 못하게 되는 현상을 말한다. 시장과 정부가 국가운영의 두 축으로서 흔히 공익 또는 공동선으로 표현되는 사회적 가치를 추구하는 역할을 담당한다는 점에서 이러한 시장의 불완전성은 정부가 정책의 형태로 시장에 개입하는 근거가 되고 있다. 결국 정책을 통한 정부의 대응은 시장실패를 보정함으로써 보다 바람직한 사회상태를 실현하는 데 목적이 있다. 이때 바람직한 사회상태의 실현을 위한 정책목표는 민주주의국가에서는 국민의 대표들로 구성된 권위있는 정부에 의해 형성되고 실현된다.

시장실패, 즉 시장메커니즘을 통한 자원의 효율적 배분을 불가능하게 함으로써 정부의 시장에 대한 개입을 초래하는 대표적인 요인들로는 공공재public goods, 외부효과externality, 자연독점natural monopoly, 정보의 비대칭information asymmetry 등이 있다. 이와 같은 시장의 내재적 결함 외에도 불황이나 실업문제 등과 같은 시장의 기능장애, 그리고 시장의 외재적 결함이라고 일컬어지는 소득 불균형, 실업발생, 가지재merit goods의 존재 등이 있다. 이처럼 자원배분의 효율성에 대한 시장의 실재적 및 잠재적 실패뿐만 아니라 내재적 및 외재적 결함이 정부의 정책적 시장개입에 대한 필요성의 근거가 되고 있다.

1) 공공재

자원은 크게 사유재private goods와 공공재public goods로 구분될 수 있는데, 시장의 완전경쟁 조건을 충족하기 위해서는 배분되는 자원이 사유재, 즉 경합성과 배제성을 동시에 지녀야 한다. 여기서 경합성rivalry이란 특정 자원에 대한 한 사람의 소비가 다른 사람의 소비를 방해하는 것으로, 대부분의 자원은 양이 한정되어 있어 누군가가 차지한 만큼 다른 사람의 몫이 줄어들기 때문에 배분에 있어서 경합이 존재하게 된다. 이처럼 이미 소비된 자원은 다른 사람이 소비할 수 없게 되는 반면 어떤 자원은 누군가에 의해 소비가 이루어지더라도 다른 사람의 소비가 제한되지 않는 상황이 나타나는데, 이러한 경우를 비경합성non-rivalry이라 한다.

한편, 배제성excludability은 해당 자원에 대해 비용을 지불하지 않으면 사용이나 편익을 향유할 수가 없는 속성을 의미하는데, 시장에서 자원의 효율적 배분이 가능해지려면 해당 자원에 대해 비용을 지불하지 않은 사람이 그 자원의 사용에서 물리적으로나 법적으로 배제될 수 있어야 한다. 이처럼 비용을 지불해야만 한다는 점이 개인이나 기업이 자원을 공급하는 이유가 된다. 그러나 어떤 자원은 비용을 부담하지 않은 사람에게 그 자원의 사용을 금지시킬 수 없는 상황이 발생하게 되고, 따라서 합리적 개인은 그 자원에 대해 무임승차free riding를 하려고 하게 되는데, 이러한 상황을 비배제성non-excludability이라고 한다.

경합성과 배제성을 모두 가지고 있는 사유재와 달리 두 가지 특성 가운데 하나 또는 둘 다를 상대적으로 덜 가지고 있는 자원을 공공재라 한다. 따라서 공공재는 비경합성과 배제성, 경합성과 비배제성, 그리고 비경합성과 비배제성 등의 특성을 지닌 세 가지 유형으로 구분된다. 먼저 비경합성과 배제성의 특성을 지니는 자원은 어느 정도의 시장성이 있는 공공재로서, 유선방송, 일기예보, 디지털 음악파일 등이 그 예에 해당하며 과소공급의 문제가 발생한다. 한편 경합성과 비배제성의 특성을 가진 자원은 출근길 도로, 바다의 물고기, 공원 등과 같은 공동소유자원인데, 과다소비와 과소투자의 문제가 존재한다. 그리고 비경합성과 비배제성을 지닌 자원을 순수공공재라 하는데, 공기, 국방, 등대 등이 그 예이며 과소공급의 문제가 발생한다.

시장성이 있는 공공재는 그 자원이 지니는 배제성으로 인해 시장을 통해 일정 가격에 공급되기도 한다.[3] 그러나 자원의 비경합적 특성

---

3 이와 같은 이유에서 일부 경제학자들은 시장성이 있는 공공재를 시장실패로 간주하지 않기도 한다(Hall & Lieberman, 2008).

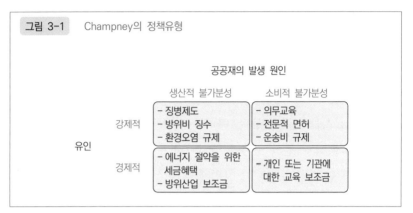

그림 3-1 Champney의 정책유형

출처: 한석태(2017)

때문에 시장가격에 해당하는 비용을 부담하지 않거나 소비하려 하지
않는 사람이 존재하게 된다. 한편 공동소유자원인 공동삼림지대의 경
우, 자신이 소비하지 않으면 다른 사람들이 차지하게 된다는 이유로
땔감에 대한 비효율적 과다소비가 야기될 수 있다. 뿐만 아니라 적정
가격 이하로 땔감을 확보할 수 있다는 점 때문에 소비자는 땔감이 보
다 적게 드는 난로를 구입하려는 노력을 하지 않는 것은 물론 나무를
다시 심거나 가꾸려는 노력을 게을리 하는 등의 자원관리에 대한 과소
투자의 문제가 발생할 수도 있다. 그리고 순수공공재인 국방의 경우,
비용을 부담하지 않은 사람이라도 국가 내에 체류하는 한 그에게 국방
의 편익을 향유하지 못하도록 하는 것이 사실상 불가능하다. 또한 일
정 양의 국방이 일단 제공되면, 그 사람이 추가되거나 제거되어도 국
방의 양이나 그 편익의 증감 없이 동일한 혜택을 향유할 수 있게 된다.
이처럼 공공재는 과다소비나 과소공급 등의 이유로 인하여 시장이 효
율적으로 작동할 수 있는 조건이 충족되지 못함으로써 시장실패가 초

래되는 내재적 결함 가운데 하나에 해당한다.

2) 외부효과

어떤 개인이나 기업의 소비 또는 생산 활동이 그와 직접 관련 없는 다른 대상에게 편익이나 비용을 초래하는 현상이 발생하기도 하는데, 편익을 제공하는 것을 긍정적 외부효과positive externality라고 하며 비용부담을 초래하는 것을 부정적 외부효과negative externality라고 한다. 긍정적 외부효과로는 과수재배업자가 과수나무를 심고 가꾸어 꽃을 피우는 생산 활동이 양봉업자에게 벌꿀을 채취할 수 있는 편익을 가져다주는 경우이다. 뿐만 아니라 노숙자에게 적선하는 행위는 굶주림으로 인한 범죄행위를 예방함으로써 사회 안전에 기여하는 긍정적 효과를 얻게 된다. 한편 부정적 외부효과로는 공장에서 배출되는 오염물질로 인하여 인근 주민에게 공기오염이나 수질오염 등의 피해를 발생시키는 경우이다. 또한 공공장소에서 흡연을 하는 행위가 타인에게 불쾌감이나 간접흡연으로 인한 질병을 유발시키는 경우이다.

긍정적 외부효과는 발생되는 편익에 대한 대가를 받지 못하기 때문에 그 활동주체가 의도적으로 외부경제external economy를 더 창출하고자 하는 필요성을 갖지 못한다. 따라서 긍정적 외부효과는 당사자의 개별적 편익이 사회적 편익보다 작아서 과소공급의 문제가 발생하게 되기 때문에 사회적 편익 향상을 위해 정부가 장려 또는 유인 등을 통해 시장에 개입을 하게 된다. 한편 부정적 외부효과는 타인에게 손해를 입히고도 그에 대한 비용부담을 하지 않기 때문에 당사자가 외부불경제external diseconomy를 최소화하기 위한 노력을 게을리 한다. 따라서 그로 인해 발생하는 사회적 비용social cost을 줄이기 위해 규제나 벌금부과 등과 같은 정부의 개입이 대부분 규제정책의 형태로 실시된다.

3) 자연독점

전기, 전화, 수도 등과 같은 자원은 그 생산 및 공급 설비를 구축하는데 막대한 초기 투자비용이 필요한 반면, 해당 자원의 생산량이 증가함에 따라 평균비용이 감소하는 규모의 경제economies of scale로 인하여 진입장벽barriers to entry이 매우 높아 하나의 생산자가 더 적은 비용으로 생산하여 공급할 수 있고 해당 자원의 전체 수요가 일정 규모인 경우 자연적 독점natural monopoly이 발생한다. 이러한 자연독점 시장에서는 특정 주체가 독점권을 행사하게 되는데, 그로 인하여 사회적 손실이나 X-비효율성이 발생하기도 한다.

사회적 손실deadweight loss은 사중손실 또는 자중손실이라고도 하는데, 그 원인으로는 독점가격, 과세의 초과부담이나 보조금 등이 있다. 독점기업이 더 높은 이윤을 위해 완전경쟁시장에 비하여 더 높은 가격을 부과하면 높아진 가격으로 인해 구매를 포기하는 소비자가 발생하게 된다. 이때 발생하는 독점기업의 이득이 소비자의 희생된 효용 만큼 증가하지 않고 일부가 손실되는데, 사회적 차원에서 볼 때 어느 누구의 후생도 증가시키지 못한다는 점에서 이를 사회적 손실이라 한다. 독점시장의 경우, 이처럼 공급자의 효용손실은 거의 없고 사회전체의 효용손실은 대부분 소비자의 효용손실에 해당한다. 한편 정부가 거두어야 할 적정수준 이상의 세금을 거두는 경우, 세금의 초과부담으로 인해 상실되는 납세자의 구매력이 모두 정부로 이전되지 않고 증발됨으로써 발생하는 경제적 손실 또한 사회후생의 손실에 해당한다. 한편, 완전경쟁시장에서는 개인이나 기업이 이윤의 극대화나 생존을 위해 원가절감나 기술혁신 등을 통한 경영의 효율성을 추구하지만, 자연적 독점시장에서는 기술적으로 비용의 절감이 가능하더라도 이에 대한 노력을 게을리 하는 X-비효율성X-inefficiency이 나타난다.

이와 같은 자연적 독점시장 역시 정부의 개입이 필요하게 되는데, 정부가 독과점 자원의 가격을 가능한 한 최저수준으로 유지하게 하거나 독점기업의 이윤을 직접 규제하기도 한다. 또한 불가피한 경우에는 공기업으로 전환하기도 하며, 독점화된 시장을 몇 개의 독립된 부문으로 나누어 부분적으로 제한적 경쟁을 유도하는 정책을 실시하기도 한다.

4) 정보의 비대칭

자원의 거래가 이루어지는 시장에서 거래당사자 가운데 어느 한쪽이 상대에 비해 해당 자원과 관련된 정보를 적게 가지고 있거나 갖기 어려운 상황을 정보의 비대칭information asymmetry[4]이라 한다. 이를테면, 중고차 시장에서 중고차에 대한 정보, 고용계약에서 근로자의 생산성에 대한 정보, 보험시장에서 근로자의 실업가능성에 대한 정보, 의료서비스에서 질병이나 약품에 대한 정보 등과 같은 경우에는 거래 당사자 간에 정보의 양과 질에 있어서 비대칭성이 존재하게 마련이다.

---

4 이를 정보비용(information cost) 또는 불완전 정보(imperfect information)라고도 표현하지만, 정보의 경우 비경합성의 특성을 지니고 있으며 경제주체에 따라 해당 자원에 대해 서로 다른 양의 정보를 가질 수 있다는 점에서 정보의 비대칭이 보다 적절한 표현이라는 주장이 제기된다(Weimer & Vining, 1992).

이러한 정보의 비대칭은 역의 선택과 도덕적 해이 등을 초래하기도 한다. 역의 선택adverse selection은 시장에서 의사결정에 필요한 정보가 충분하지 않아서 불리한 선택을 하게 되는 상황을 말한다. 예를 들어, 보험회사가 보험가입대상자의 위험발생 가능성에 대한 충분한 정보를 확보하기 어려운 반면 보험가입대상자가 보험회사보다 자신의 위험발생 가능성에 대한 더 많은 정보를 갖고 있는 경우, 사고가 발생하여 보험금을 받을 가능성이 높은 가입대상자들은 해당 보험을 집중적으로 구입하고, 결과적으로 보험회사가 보험지출 부담이 커지게 되면 이익을 남기기 위하여 보다 높은 보험료를 부과하게 된다. 높아진 보험료의 부과로 인하여 위험발생 가능성이 상대적으로 낮다고 판단되는 대상자는 가입을 회피하게 되고, 위험발생 가능성이 매우 높은 대상자만 가입을 하게 되어 보험회사는 보험료를 더욱 높게 책정해야 하는 악순환이 계속된다. 이러한 악순환은 결과적으로 시장에서 해당 보험상품의 공급을 불가능하도록 만드는데, 실업보험을 포함한 사회보험이 이와 관련한 정부개입의 대표적인 예이다.

도덕적 해이moral hazard는 이해당사자들이 상대를 배려하지 않고 자신의 책임을 다하지 않은 채 상황변화에 따라 자신의 이익만 추구하여 타인에게 피해를 주는 일종의 기회주의적 행동을 말한다. 보험가입자가 보험약관을 악용하거나 또는 사고방지에 주의를 게을리 하여 보험사고의 발생빈도가 높아지는 경우, 또는 주인과 교대로 근무하는 종업원이 주인이 없을 때 책무를 소홀하게 해서 주인에게 손실을 입히는 경우 등이 도덕적 해이에 해당한다.

이처럼 자원이 지닌 특성으로 인해 해당 자원에 대한 정보가 당사자들에게 비대칭적으로 확보되는 경우, 시장을 통한 자원의 배분이 왜곡되는 시장실패현상이 발생한다. 따라서 정보의 비대칭으로 인한 문제 해결을 위해 다양한 대안들이 강구되고 있다. 자동차 보험회사가 숨겨진 특성을 찾아내고 그 특성을 보험료에 반영하여 가입대상자의 특성에 따라 보험료에 차등을 두거나 자동차 도난경보장치 설치여부에 따라 보험금에 차등을 두고 피해액 가운데 일부를 가입자의 부담으로 하는 기초공제 방식을 적용하기도 한다. 그 외에 정부가 시장에 개입하여 각종 전문인들의 면허제, 상품의 KS마크제, 사회보험법, 제조물책임법, 유해식품회수제 등과 같은 다양한 제도들을 시행하고 있다.

3. 시장의 외재적 결함과 정부개입

지금까지 살펴본 시장실패의 현상들은 시장에서 자원배분이 최적의 효율성을 달성하지 못함으로 인해서 정부의 시장개입이 정당화되는 요인들이다. 그러나 가치재나 소득불균형 등과 같은 시장의 외재적 결함은 비록 시장에서의 효율적 배분이 달성된다 하더라도 정부의 개입이 요구되는 경우인데, 정부에 의한 가치재의 공급과 소득 재분배가 대표적인 예이다.

1) 가치재의 공급

대부분의 인간 욕구가 자유주의 시장메커니즘을 통해서 충족될 수 있지만, 정보의 부족이나 합리적 판단의 결여 등으로 개인의 선호에 맡겨서는 최적의 양이 생산 또는 소비되지 않는 자원이 존재한다.

시장메커니즘을 통한 생산이나 소비의 수준이 사회에서 기대하는 적정 수준에 이르지 못하는 자원을 가치재merit goods라 한다. 이러한 자원의 경우 흔히 사회적 가치가 개인적 가치보다 더 크기 때문에 정부가 시장에 개입하여 해당 자원의 생산과 소비를 장려하게 된다. 교육서비스, 의료서비스, 학교급식제 등이 정부에 의한 가치재 공급의 대표적인 경우이다.

한편, 비록 합리적 의사결정에 필요한 정보가 주어진다 하더라도 각 경제주체가 자신에게 가장 유익한 선택을 하지 않고 오히려 잘못된 결정을 내리고 행동하는 경우가 발생하기도 한다. 예를 들어, 건강에 해롭다는 사실을 알면서도 계속적으로 반복되는 흡연이나 음주 그리고 마약복용 등과 같은 행동이 대표적이다. 그 효용이 과대평가되는 반면 폐해는 과소평가되는 담배, 술, 마약 등과 같은 자원을 비가치재demerit goods라 한다. 정부가 온정주의paternalism[5]적 입장에서 이와 같은 행위를 제한하는 조치를 취하는데, 이러한 활동이 비가치재의 규제에 해당한다.

가치재와 공공재가 정부예산에 의해 공급되고 있다는 점에서 공통점을 지니지만, 경합성과 배제성의 측면에서 가치재는 이들 특성을 모두 지니고 있는 데 반해 공공재는 그렇지 않다는 점에서 서로 구분되는 차이점을 갖는다. 가치재의 공급이 시장의 효율성과 전혀 무관한

---

5 라틴어의 pater는 영어의 father 아버지로, paternalism은 '집단 내의 어떤 우월한 존재가 다른 구성원을 어린애 취급하는 태도'를 지칭하는 비판적 표현인데, 흔히 '자신의 이익을 추구할 자유 혹은 자율성을 어떤 사람이나 집단이 제한하는 행위'로 사용된다.

것은 아니지만, 가치재의 공급이라는 정부의 개입으로 개인의 자유를 제한할 수도 있는 근거는 온정주의에 있다. 따라서 경합성과 배제성을 지니고 있음에도 불구하고 가치재의 공급에 정부가 개입하는 것은 시장실패보다는 온정주의적 차원에서 정당화되고 있다. 정부가 온정주의적인 면에서 국민에게 가치재를 소비하도록 강제하는 것이 소비자의 주권과 상충될 수 있다는 논란의 소지도 있다.

2) 소득 재분배

자유경쟁시장에서 달성될 수 있는 파레토최적은 자원배분의 효율성과 관련한 문제이지 소득분배와는 관련이 없기 때문에 결과적으로 시장 내의 주체들 간에는 불균형적인 소득분배가 야기될 수도 있다. 시장메커니즘 하의 사회 공동체에는 시장의 주체로 활동할 수 없는 장애인이나 고아 등과 같은 사회적 약자가 존재할 뿐만 아니라 주체로 활동하지만 낮은 소득으로 최저생계수준에도 이르지 못하여 인간의 기본적인 존엄성마저 위협받는 빈곤계층이 발생하기도 한다. 또한 자유경쟁원리의 자본주의시장에는 메커니즘이 정상적으로 작동하더라도 계층 간 또는 지역 간 소득불균형은 물론 빈부격차의 심화widening gap between rich and poor라는 시장이 스스로 극복하기 어려운 문제가 발생한다. 이러한 약점과 문제들이 소득 재분배를 가능하게 하는 다양한 제도적 장치들을 통해 소득의 불균형을 줄이고 사회적 형평성을 추구하는 정책적 노력을 필요로 하는 이유인 것이다. 오늘날 대부분의 국가들이 실시하고 있는 최저임금제, 누진세 등이 소득 불균형이라는 시장메커니즘의 결함을 극복하기 위한 정부의 시장개입에 해당한다.

4. 정부개입의 한계

역사적으로 보면, 시장메커니즘의 완전성에 대한 신뢰에 기반한 자유방임주의 국가가 지니는 약점은 물론 다른 여러 시행착오를 경험하면서 국가 공동체 구성원의 진정한 자유와 안전은 정부의 보호 하에서 향유가 가능하다는 인식을 갖게 되었다. '요람에서 무덤까지' 국가가 국민의 삶을 보장해야 한다는 복지주의 국가관이 19세기 말에 대두되면서 20세기에는 '가장 많이 서비스해 주는 정부가 최선의 정부'라는 통치이념이 강조되었다. 자유민주주의 국가 대부분이 '국민복지의 구현'을 위해 국민생활에 대한 정부개입의 범위를 확장시켰고, 그에 따라 상대적으로 국민에 대한 정부의 통제범위도 확대되었다. 국민복지의 구현을 위한 정부활동의 증대는 결과적으로 행정부 우위의 행정국가를 초래하였고, 행정부는 강력한 권한을 가지고 사회 전체를 규제하고 관리하게 되었다. 이처럼 국민생활에 대한 정부의 권한과 책임이 확대되고 영향력이 증대됨에 따라 결국 국민의 수동화, 관료의 특수이익옹호, 행정권의 집중화와 시민 자유의 제약이라는 여러 가지 새로운 문제점이 나타나게 되었다.

한편 시장의 불완전성을 보정하기 위한 정부의 시장개입이 본래 의도한 결과를 달성하지 못하거나 상태를 오히려 더 악화시키는 정부실패government failure 현상을 초래하기도 하였다. 1980년대 이후에 와서는 정부에 대한 회의가 증가하고 신뢰가 감소하면서 정부개입에 의한 비효율성과 불공정성이 창출될 수도 있음을 인식하기 시작하였다 (박세일, 2000). 사적 목표의 설정, X-비효율, 비용 체증, 예측하지 못

한 파생적 외부효과, 권력의 편재 등이 정부실패의 주요 원인으로 제
시되고 있다. 이처럼 정부실패가 발생하는 경우, 이를 개선하기 위하여
정부가 담당하던 역할을 다시 시장으로 환원하는 것은 또 다른 시장실
패를 유발할 수도 있다. 따라서 시장실패와 정부실패를 함께 보완할 수
있는 새로운 모델들이 다양하게 제시되고 있는데, 그 가운데 네트워크
거버넌스network governance가 대표적 경우이다(송희준·박기식, 2000). 이
는 시장과 정부를 완전히 대체하는 전혀 새로운 메커니즘이라기보다는
시장과 정부가 상호신뢰와 협력을 토대로 기능적으로 보완하는 관계로
파악된다. 따라서 정부의 역할이 공공서비스의 생산자 및 공급자에서
네트워크의 조정자로 바뀌어 가고 있다.

04 정책체제와 환경

1. 정책체제

정책현상을 분석하고 설명하는 데 있어서 사고양식 또는 논의기준으로서 정책체제policy system[1]라는 개념을 이해하는 것이 필요하다. 체제system는 어원적으로 다양한 기능을 수행하는 단위가 구성요소들 사이에 조직된 관계를 뜻하는 그리스어 systema에서 유래하는데, 특정 목적을 달성하기 위하여 각 구성요소 또는 부분이 전체와 유기적으로 상호 연계되어 조화롭게 기능하는 집합체를 의미한다(한국교육심리학회, 2000). 체제가 지니는 일반적 특징은 외부와 구분되는 일정한 경계를 지니고, 분명하게 설정된 성취하고자 하는 목표를 가지며, 하위체제subsystem, 즉 부분과 부분 또는 부분과 전체가 상호 연계성inter-relationship을 가지고 하나로서 기능function을 수행하고, 외부로부터의 투입input을 전

---

[1] 정책을 보는 관점들이 다양하게 제시되어 왔지만 D. Easton(1953; 1969) 이후 정책을 정치체제(political system)의 산물로 보는 견해가 일반적이며(정정길 외, 2011), 이 책에서는 정책체제(policy system)로 표기한다.

환conversion과정을 거쳐 산출output하는데 산출은 다시 투입으로 환류
feedback된다는 점이다.

이러한 맥락에서 보자면, 정책체제는 바람직한 사회상태를 실현
하기 위해 정책의 형성과 집행 등의 정책활동을 수행하는 집합체로서
국민으로부터의 요구를 정책으로 전환해 내는 공공기관의 집합체인 정
부를 의미한다. 정부의 조직 또는 기관들이 정책체제의 구성요소이며,
대표적으로 입법부, 행정부, 대통령실, 사법부 등이 그에 해당한다. 정
부의 각 기관은 담당업무를 수행하는 과정에서 다양한 정책을 수립하
고 집행하는데 이러한 활동은 여론, 즉 사회의 요구와 지지 등으로부터
많은 영향을 받는다. 이들 기관들은 개별적으로 활동하지만 정책기능을
수행함에 있어서 모두 상호 연계되어 있다. 따라서 정책을 추진하는 정
부의 조직 또는 기관들을 상호작용하는 하나의 정책체제로 파악하면,
정부의 정책과 정책과정을 이해하거나 설명하는 데 도움이 된다.

2. 정책환경

정책체제는 외부여건인 환경과 끊임없이 상호작용을 하는데, 이
처럼 정책체제를 둘러싸고 서로 영향을 주고받는 자연적 조건과 사회
적 조건들을 정책환경policy environment이라 한다. 지형, 기후, 풍토, 강
수량, 부존자원 등이 자연적 조건에 해당하고, 역사와 전통, 윤리와 규
범 등을 비롯한 정치, 경제, 사회, 문화적 상황이나 특성들이 사회적
조건에 해당한다. 이러한 정책환경은 형태 또는 범위 등에 따라 유형
의 환경과 무형의 환경 또는 국내적 환경과 국제적 환경 등으로 구분

되기도 하는데, 다양한 차원에서 직접 혹은 간접적으로 정책체제에 대해 영향을 미치게 된다. 이러한 정책환경은 정책체제에 대한 도전과 자극의 근원이 되며 동시에 응전과 반응의 대상이 되기도 한다. 따라서 정책체제의 모든 활동은 정책환경의 특성과 직간접적으로 연관되어 있는 것이다.

정책환경은 시시각각으로 변하는 가변적 특성을 지니는데, 정태적인 안정상태의 환경일 수도 있고 동태적인 혼란상태의 환경일 수도 있다. 또한 정책체제에 긍정적일 수도 있지만 부정적일 수도 있고 정책촉진적일 수도 있지만 정책방해적일 수도 있다. 오늘날 자연재해나 기후온난화와 같은 자연현상은 물론 사회 구조 및 현상에 있어서 다원성, 복잡성, 급변성과 같은 특성들이 국내외적으로 광범위하게 나타나고 있다. 이처럼 지속적으로 급격하게 변화하고 있는 정책환경은 사회구성원들의 사고방식뿐만 아니라 삶의 양식과 범위 그리고 상호작용을 더욱 다양하고 복잡하게 변화시키고 있다. 가변적 환경은 궁극적으로 사회문제와 관련하여 정책체제에 투입되는 각 요소들의 특성을 좌우하게 되고, 이들 요소는 결국에 정책내용과 정책과정에도 영향을 미치게 된다.

3. 정책환경의 유형

정책환경의 유형은 그것을 파악하는 학자나 방식에 따라 다르게 제시되고 있지만, 앞에서 언급된 바와 같이 대개 자연과 사회, 무형과 유형, 국내와 국제 등의 3가지로 분류되고 있다. 자연과 사회의 경우,

먼저 자연환경은 정책체제가 처한 지정학적 위치와 지리적 특성, 기후 조건, 천연자원 등을 포함한다. 사회환경에는 정치문화, 정치의식, 정당, 이익집단, 사회단체 등의 정치적 요소를 비롯하여, 인구구조와 교육수준, 사회구조, 가족체계 등의 인구학적 특성뿐만 아니라, 지배계층의 특성과 국가 구성원들의 가치와 이념적 특성 등이 해당한다.

무형과 유형의 경우, 무형의 환경으로는 정치행정문화와 사회경제적 여건을 대표적이라 할 수 있는데, 정치행정체제에 보편적으로 내재하는 규범, 가치, 신념, 태도, 관습 등을 의미하는 정치행정문화는 물론 인구감소, 사회구조 및 산업구조의 변화, 경기침체와 물가불안정, 국민소득 및 GNP의 증감, 집단간 또는 이해당사자간의 경쟁과 갈등 등과 같은 사회경제적 여건이 무형의 환경으로 정책문제를 야기하는 대표적인 정책환경이다(이동수, 1998). 한편 유형의 환경에는 정책활동에 실질적인 영향을 미치는 주요 주체인 정당, 이익집단, 언론, 시민단체NGO[Non-Governmental Organization], 일반국민 등이 있다. 특히 정당은 국민의 여론과 이익집단의 요구 등을 결집하고 조직화하여 공식 또는 비공식으로 정책체제에 투입하는 영향력이 강한 압력주체로서 기능을 한다. 시장과 정부의 불완전성을 경험한 오늘날의 시민사회에서 자발성, 자율성, 전문성 등으로 특징되는 시민단체 또한 정책체제에 영향을 미치는 정책환경으로서 중요한 역할을 담당하고 있다. 언론기관은 보도기사의 선별 및 그에 대한 해설 등을 통해 정보제공과 여론형성을 담당하는 opinion leader로서 뿐만 아니라 보도와 비판을 통해 각종 사회문제의 해결을 위한 압력주체로서 정책에 영향을 미치고 있다.

마지막으로 국내와 국제의 경우, 국내환경에는 국내의 정치, 경제, 사회, 문화 등이 해당하며, 국제적 환경에는 국방, 외교, 금융, 노동, 통상, 문화 등이 그에 해당하는데 정책에 대한 국제적 환경의 영향력은 급속히 증대되고 있다. 국제적 환경의 경우, 과학과 정보기술의 발달 그리고 국가 간 이해관계의 확대로 국내의 사건이나 사고는 물론 정책까지도 인접 국가뿐만 아니라 지구촌 전체에 직간접적으로 영향을 미치고 있으며 그 범위와 정도는 하루가 다르게 확대되고 있다.

4. 정책체제와 환경의 관계

정책체제와 정책환경과의 관계를 살펴보자면, 환경으로부터 받아들이는 투입, 환경으로 내보내는 산출, 투입을 산출로 변화시키는 전환, 그리고 산출에 대한 환경의 반응으로서 다시 투입으로 되돌아가는 환류 등이 이루어진다.

1) 투입

정책체제가 환경으로부터 받아들이는 투입inputs은 요구와 지지, 반대와 저항 그리고 무관심 등과 같이 다양한 형태로 나타나는데, 요구와 지지가 가장 대표적인 유형이다. 요구demands는 정부에 의해 해결되기를 바라는 기대이며 대개 사회문제의 해결이라는 형태로 나타난다. 한편 지지supports는 정책체제가 환경으로부터의 요구를 실현하는데 필요한 자원의 제공과 순응을 의미하는데, 징병과 같은 인적 자원의 제공과 조세납부와 같은 물적 자원의 제공 그리고 정부의 각종 규제나 처벌 등을 수용 또는 감수하는 행위를 말한다.

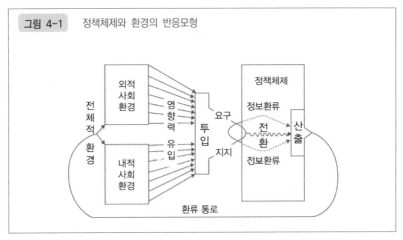

그림 4-1   정책체제와 환경의 반응모형

출처: Easton(1952)

2) 산출

정책체제가 환경으로부터 투입된 요구에 대응하고 지지를 활용하
는 활동과정을 거쳐 환경에 내보내는 결과물을 산출outputs이라 한다.
다시 말하자면, 환경으로부터 정책체제에 투입된 요구와 지지가 전환
과정을 거쳐 정책이 환경으로 산출되는데, 산출은 주로 정책, 법률, 서
비스, 규제, 보상 등과 같이 다양한 형태 및 내용으로 나타난다. 이러
한 산출에 대하여 환경으로부터 수용, 반대, 저항 등과 같은 다양한 형
태의 반응이 나타나고, 다시 환경과 상호작용하는 정책제제의 집행활
동을 통해 정책결과가 산출된다.

3) 전환

정책체제는 환경으로부터 요구와 지지가 투입되면 그에 대응하는
결과물을 산출하여 다시 환경에 내보내기 위해 결정과정과 집행과정에

서 일련의 활동을 수행하는데, 이처럼 투입을 산출로 변화시키는 활동 또는 기능을 전환conversion이라 한다. 따라서 전환은 정책체제 내에서 일어나는 핵심 활동일 뿐만 아니라 정책과정의 가장 중요한 부분이라는 점에서 정책학은 이 전환과정에 대한 것(정정길 외, 2011)이라고 할 수 있다. 정책체제의 전환 기능은 공식적 권한이 부여된 정부기관, 즉 입법기관, 행정기관, 사법기관 사이에서 이루어지는 정책의 결정과 집행에 관한 활동이지만, 최근에 와서는 거버넌스governance가 진전되면서 비공식적 행위자도 참여가 가능해지고 있다(백승기, 2016).

4) 환류

정책이 집행되는 과정이나 집행된 이후 그 결과에 대한 환경의 반응으로서 또 다른 요구나 지지로 정책체제에 투입되는 것을 환류feedback라 한다. 국민이 정부의 정책을 평가한 결과가 다시 투입으로 나타난다는 점에서 이러한 환류 과정은 산출에 대한 평가를 반영하는 정책체제에 대한 통제과정의 한 형태이다. 따라서 환류 과정을 거친 후 정책담당자에 대한 책임의 문제가 제기되며 해당 정책이 변동 또는 종결되기도 한다. 의약분업정책이 집행되는 과정에서 정책을 수정하거나 중단하라는 이해관련자들의 요구로 다시 투입되는 것이나, 전북 부안군 위도에 건설하기로 하였던 핵폐기물처리장이 정부의 정책집행이 되기도 전에 지역주민들의 반발로 정책 수정 상황에 처하게 된 것 등이 대표적인 예이다.

5) 상호작용

정책체제와 환경은 시간적으로 선후 또는 장단의 차이가 있을 수 있으나 상호작용을 통해 영향을 주고받는다. 정책체제에 의한 특정 정책의 시행은 그와 관련된 환경에 영향을 미치는 것은 물론 해당 환경 또한 정책체제, 즉 결과적으로는 정책에 영향을 미치게 된다. 따라서 체제와 환경의 상호작용은 크게 두 가지로 구분되는데, 정책이 환경에 영향을 미치는 경우와 환경이 정책에 영향을 미치는 경우이다.

정책이 환경에 미치는 영향은 정책의 수립과 집행에서 소요되는 여러 가지 유무형의 정책비용과 정책활동으로 나타나는 정책결과이다. 정책비용은 정책목표의 실현을 위해서 지불되는 인적, 물적, 기타 각종 자원의 동원과 배분을 의미하는데, 정책비용의 내용, 성격, 규모 등은 정책수단과 정책집행에 따라 결정된다. 정책결과는 정책이 의도한 결과인데, 정책결과는 정책산출, 정책성과, 정책영향, 정책효과 등의 다양한 개념으로 사용되고 있다.[2] 그 가운데 정책효과는 정책이 집행되어 정책목표가 달성됨으로써 나타나는 바람직한 상태이다.

한편 환경이 정책에 미치는 영향은 대개 정책체제에 대한 국가구성원, 특히 이해관련자들의 요구와 지지를 통해서 이루어진다. 따라서 체제로 투입되는 요구와 지지의 내용과 정도에 따라 그에 대응하여 산출되는 정책의 내용이 영향을 받게 된다. 정책체제를 둘러싸고 전개되는 환경으로부터의 요구가 정책을 결정하는 주요 요소인데, 문제해

---

2 각각의 구체적 의미는 앞의 2장에서 소개하고 있다.

결에 대한 요구가 강할수록 정책체제가 그 문제해결을 위한 정책을 추진할 가능성은 높아진다. 그러나 정책체제가 환경으로부터의 요구에 대응하는 경우, 환경으로부터의 지지 또한 필요하게 되고 지지가 충분히 확보되지 않으면 정책을 추진할 수 없게 된다. 이러한 요구와 지지들이 누구에 의해, 어떻게 인지되어, 어떤 경로로 정책체제에 투입되느냐 등을 파악하는 것은 환경이 정책에 미치는 영향을 연구하는 데 도움이 된다.

이처럼 정책환경이 정책체제가 산출하는 정책에 직접적으로 영향을 미치는 것 외에도 정책체제의 특성, 즉 구조, 구성원, 분위기 등 또한 정책의 내용에 영향을 미치기도 한다. 이처럼 정책체제의 구조와 운영의 특징이 정책의 내용뿐만 아니라 정책과정에서의 활동에도 영향을 미친다. 정책체제의 분위기와 규범은 물론 정책체제의 구성원인 정책담당자가 지닌 능력이나 성향 등 또한 정책의 내용과 추진에 영향을 미친다.

구체적으로 보자면, 정책체제의 구조는 정책체제를 구성하는 요소들 간의 지속적이고 반복적으로 되풀이되는 유형화된 상호관계를 의미한다. 이를 테면, 입법부, 행정부, 대통령실, 사법부 등의 정부기관 간의 상호관계가 대표적인 정책체제의 구조인 것이다. 이들 구성요소들 간의 상호관계가 협조적 또는 대립적 이거나 권력배분이 집권적 또는 분권적인 관계를 형성한다. 따라서 정책체제의 구조가 정책과정상의 활동방법이나 활동양상에 직접적으로 영향을 미치며, 결과적으로는 정책활동의 산출물로 나타나는 정책의 내용이나 정책결과에 차이를 초래하는 간접적인 영향요인이기도 하다.

다음으로는 정책체제가 지닌 분위기와 규범은 정책과정에 영향을 미치는 대표적인 요소인데, 그 가운데 특히 이념과 문화가 대표적이다. 이념은 정책활동을 인도guide하고 고무inspire하는 일련의 사고체계를 의미하는데, 정책체제가 무엇을 추구하고 무엇을 해야 하는지에 대한 사고방식이라고 할 수 있다. 따라서 이념은 정책내용, 즉 정책목표, 정책수단, 정책대상 등에 대한 가치판단의 방향을 제시하는 기준으로서의 역할을 한다. 자유주의, 민주주의, 복지주의가 우리 정책체제의 정책과정에 영향을 미치는 대표적인 이념이라 할 수 있다. 한편 문화는 정책체제의 운영방식에 대한 그리고 정책체제와 시민과의 관계에 대한 신념과 태도를 의미한다. 최근의 우리 정책체제는 권위주의, 분파주의, 극단주의 등으로 특징되던 문화에서 참여적·자치적 문화로 탈바꿈하고 있다.

마지막으로 정책체제를 운영하는 정책담당자의 능력과 성향 또한 정책에 많은 영향을 미치는 요소이다. 담당자의 능력으로는 문제해결에 대한 지식이나 경험 등의 전문적 능력과 상충되는 이해관계를 조정할 수 있는 정치적 능력이 대표적이다. 정책담당자가 지닌 분석적이고 합리적인 결정과 효율적인 집행 그리고 정확한 평가를 수행할 수 있는 전문적 능력은 물론 추구하는 가치와 목표가 서로 다른 이해당사들 간의 갈등을 해소하고 절충할 수 있는 정치적 능력에 따라 정책의 질이나 내용은 다르게 나타난다. 뿐만 아니라 정책에 대한 신념, 가치관, 의식, 선호 등으로 표현되는 정책담당자의 성향 또한 정책의 결정과 집행 및 평가 등에 있어서 상당한 영향을 미치게 된다.

5. 정책환경의 변화

정보기술의 발달은 국민의 정보획득 역량을 향상시키고 정치행정에 대한 국민의 참여는 물론 정치, 사회, 경제 등의 민주화를 촉진시키고 있다. 이처럼 정보매체와 정보관련 기술발달은 정부의 성격을 바꾸고, 대의민주주의체제를 상당 부분 직접참여민주체제로 전환시키는 것은 물론 국민의 정치참여 확대는 정치적 영향력을 가중시킬 것이다. 한편 남북문제의 상황변화는 남북 당사자 간의 직접적인 관계는 물론 주변 강국의 대외관계에 있어서도 급진전될 가능성이 증대되고 있다. 북핵개발, 영토분쟁 등은 한반도를 둘러싼 한·중·일 국가 간의 관계에도 많은 변화가 야기될 수도 있다.

경제성장에 따른 지속적인 소득증대는 양적 욕구추구로부터 질적 욕구향상으로 수요가 변화되어 가고, 물질적 풍요로부터 정신적 풍요를 찾는 탈물질의 가치가 점차 부각되고 있다. 반면에 경제가 성장할수록 소득격차에 따른 빈부격차와 사회양극화 현상이 심화되고, 모든 분야에서 형평성 욕구가 강해져서 경제의 복지화, 민주화, 인간화에 대한 정책대응 요구가 대두되고 있다. 조직사회는 구조적으로는 분산화, 소규모화, 적응적·유기적 구조,3 그리고 네트워크형성이 확산되고 있고 영역간 경계가 약화되어 사회구성원들의 횡적 이동과 교류가 증가하고 있다. 새로운 사회관계의 분화와 유동성의 증대는 문화충돌, 문화

---

3 W. Bennis가 제시한 탈관료제 조직구조로서, 조직 내 업무의 비정형화, 기술의 고도화, 직업적 유동성의 고도화 등 급속한 환경의 변화에 대응할 수 있는 조직구조의 모형이다(이종수, 2009).

지체 또는 가치혼란, 인간적 소외와 아노미 현상,4 비인간화, 공동체의
식의 상실, 스트레스와 같은 정신적 갈등, 컴퓨터범죄 등을 증대시키고
있다.

산업사회, 정보사회에 이어 새로운 사회패러다임으로의 이전은
이른바 4차 산업혁명시대의 전개에 따른 변화의 급속성과 불규칙성,
그 내용의 다양성과 복잡성, 그리고 그로 인한 불확실성과 불연속성으
로 특징되는 현실상황은 그에 대한 신속한 대응을 요구하는 것은 물론
기존과는 근본적으로 다른 인식과 대응을 요구하고 있다. 이러한 정책
환경의 변화는 정부 역할에 대한 기대를 높여 정치발전을 촉진시키기
는 하지만 기대와 현실의 차이 때문에 갈등과 진통을 심화시킬 수도
있으며, 이에 따른 정책체제로서의 정부의 대응전략도 더욱 어려워질
것이다.

---

4 급격한 사회변동의 과정에서 종래의 규범이 쓸모없게 되고 아직 새로운 규범의 체
　계가 확립되지 않아서 규범이 혼란한 상태 또는 규범이 없는 상태로 된 사회현상이
　다(하동석 외, 2010).

정책과정과 정책참여자

1. 정책과정

사회문제가 정책체제로 투입되어 정책으로 결정된 후 집행단계를 거쳐 의도한 정책목표를 달성하여 바람직한 상태로 변화되기까지 여러 단계를 거치게 되는데 이를 정책과정이라 한다. 다시 말하자면, 정책은 사회문제에서부터 정책의제의 채택을 거쳐 대안의 분석 및 정책의 결정과 집행, 그리고 집행과정 및 결과에 대한 평가, 평가결과의 환류 등의 복잡하고 동태적인 다양한 단계를 거치는데, 이러한 일련의 절차를 정책과정이라 한다. 물론 정책현실에서는 이들 단계들이 단순하고 간단하게 구분되는 것이 아니며 모두 순차적으로 진행되는 것도 아니다. 정책과정은 환경적 요인이나 참여자에 따라서 또는 해당 정책의 유형이나 내용에 따라서 상당히 달라질 수 있다. 이처럼 정책과정은 개별 정책에 따라 전개 과정이 현저하게 달라질 뿐 아니라 그 내용이나 성격도 달라질 수 있는 것이다.

정책문제의 당사자들 외에도 다양한 경쟁적 이해관계자들이 정책과정에 압력이나 영향력을 행사함으로써 정책은 종종 정책문제에 단순히 부응하기보다는 해당 정책과 관련한 이해관련자들 간의 정치적 타협political compromise에 의해 결정되는 경우가 많다. 정책과정은 각 단계의 경계와 범위가 불확실하며, 정책마다 수많은 이해관계자와 제도, 절차, 여건 등이 함께 어우러져 지극히 복잡하게 동태적으로 작용하는 특징을 지닌다. 정책형성과정에서는 집행과정의 문제점을 고려하고, 집행과정에서는 정책형성과정의 의도를 파악하는 등 과정 상의 단계들이 상호영향을 주고받는 것은 물론 집행과정에서 정책의 수정이나 변경을 통해 사실상 정책의 재결정이 이루어지는 경우도 있다. 이처럼 정책과정의 여러 단계들은 단일 방향의 순차적 관계이기보다는 상호영향을 주고받는 순환적 관계에 있다. 이처럼 정책과정은 여러 주체들이 긴밀하게 연결되어 상호작용하며, 그로 인하여 매우 다양하고 복잡하며 역동적이고 가변적인 속성, 즉 정치성, 동태성, 순환성 등의 특성을 지닌다.

2. 정책과정의 유형

정책과정은 그 내용과 실체를 연구하는 학자들의 견해가 매우 다양하여 그에 대한 합의를 도출하기가 쉽지 않다. 그럼에도 불구하고 현실에서 나타나는 정책과정을 보다 정확하게 파악하고 논리적으로 설명하기 위해서는 보다 보편적이고 체계적인 접근이 요구되고 있다. 정책과정에 대한 단계별 접근은 정책과정을 통한 행위의 흐름에 대한 설명과 정책과정의 변화에 대한 유연한 설명을 가능하게 하고 정책과정을 종단면적 및 동적 차원에서 파악할 수 있게 할 뿐만 아니라 정책과정을 일반화함으로써 모든 정책과정을 설명할 수 있는 개념틀을 제공한다는 장점(Anderson, 2003)을 지니기 때문이다.

여러 학자들이 제시하고 있는 다양한 정책과정의 내용들 가운데 몇 가지를 소개하면, 정책에 대한 체계적 연구의 단초를 제공했던 Lasswell(1971)은 정책과정을 정보의 수집, 주장, 처방, 행동화, 적용, 종결, 평가 등으로 구성된 7단계를 제시하였고, Dror(1983)는 상위정책결정단계meta-policy making stage, 정책결정단계policy making stage, 정책결정이후단계post-policy making stage, 그리고 의사소통과 환류단계 communication and feedback stage로 구분하고 있다. Anderson(2003)은 정책과정을 기능적 활동 카테고리별로 파악하여, 문제인지와 의제설정, 정책형성, 정책채택, 정책집행, 정책평가의 5단계로 구분하고, Dye(2002)는 문제의 인지, 의제설정, 정책형성, 정책의 합법화, 정책집행, 정책의 평가 등의 6단계를 제시하고 있다.

정책과정의 다양한 유형들은, 정책형성과정과 정책결정과정의 구분여부에 따라, 정책결정과정을 보다 세분하고 있느냐 아니면 크게 통합해서 파악하느냐에 따라, 정책종결을 따로 독립된 과정으로 분류하느냐 하지 않느냐에 따라 각각 다르게 제시되고 있다. 따라서 이를 모형들 간에는 근본적인 관점이나 시각의 차이가 있는 것은 아니다. 이전까지 논의된 여러 유형들을 요약하자면, 정책의제설정, 정책결정, 정책집행, 정책평가, 정책종결 등으로 제시할 수 있다. 그러나 최근 국내외 다수의 학자들은 정책종결을 내포하는 보다 넓은 의미의 정책변동을 포함하여 정책의제형성, 정책결정, 정책집행, 정책평가, 정책변동을

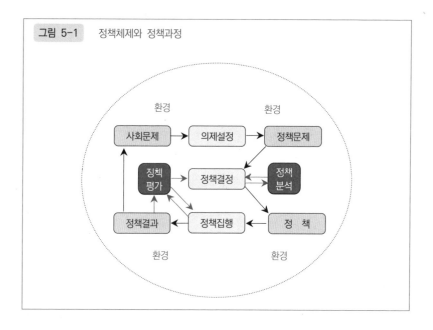

그림 5-1   정책체제와 정책과정

정책과정의 기본유형으로 파악하고 있다.

이 책에서는 제시된 [그림 5-1]의 내용과 같이, 정책체제의 고유
영역에 해당하는 정책활동인 의제설정, 정책결정, 정책집행 단계 외에
도, 보다 바람직한 정책활동이 가능하도록 관련 정보를 산출하여 제공
하는 지적활동에 해당하는 정책분석 및 정책평가를 포함하여, 정책의
제설정, 정책분석, 정책결정, 정책집행, 정책평가, 정책변동의 순서로
정책과정에 대한 논의를 진행한다.

정책과정의 첫 번째 단계에 해당하는 정책의제설정policy agenda
setting은 공동체가 직면하고 있는 수많은 사회문제와 이슈들 가운데
정책체제가 정책적 대응을 필요로 하는 대상으로 채택하는 일련의 활
동이다. 따라서 정책의제설정은 다양한 사회문제들이 정부의 정책적

조치에 의해 처리 또는 해결되기를 요구하는 데서부터 정책체제로 투입되어 가는 과정을 의미한다. 이때, 정책의제설정의 산출물, 즉 정책적 고려 대상으로 채택된 정부의제를 정책문제라 한다. 특히, 정책의제설정은 사회문제의 정책화를 요구하며 그 문제를 주도해 나가는 주체가 민간이냐 또는 정부이냐에 따라 그 과정의 전개 양상도 다르게 나타난다.

정책분석policy analysis은 정책의제설정단계에 이어서 진행되는 정책결정활동이 보다 바람직하게 수행될 수 있도록 합리적 결정에 필요한 정보를 산출하여 제공하는 일련의 활동을 의미한다. 학자에 따라서는 정책분석을 보다 광범위한 의미, 즉 정책에 관한 연구의 의미로 사용하기도 하는데, 여기서의 정책분석은 정책결정 이전에 이루어지는 지적 분석활동을 의미한다. 특히 정책분석은 정책의제설정, 정책결정, 정책집행 등과 같은 정책체제의 고유활동과는 달리 정책체제는 물론 외부의 전문가나 전문기관 등 다양한 주체들에 의해서도 이루어질 수 있는 활동이다.

정책결정policy making은 정책의제설정에 의해 산출된 정책문제를 진단하고 문제해결에 적합한 목표를 설정하며 목표달성이 가능한 대안을 탐색하여 최선의 대안을 정책으로 채택하는 일련의 활동을 의미한다. 정책분석을 통해 탐색된 정책대안들 가운데 특정 대안이 결정주체들에 의해 승인approve이나 수정modify 또는 거부reject 등의 단계를 거치게 되는데, 특히 이 단계는 다양한 주체들이 경쟁과 타협을 통해 상호 영향을 주고받는 매우 동태적이고 정치적인 특성을 지닌다.

정책집행policy implementation은 정책체제가 결정과정을 통해 산출

한 정책을 관련 집행기관이 구체화하여 현실에 실행하는 일련의 활동
이다. 이 정책집행이 정치행정이분법적 접근에서 볼 때 전통적 행정의
기능에 해당하는 활동으로, 집행계획의 수립, 집행담당조직의 구성, 인
사 및 예산의 배정, 기타 관련 자원의 확보 등의 준비단계를 거쳐 주어
진 자원을 활용하여 수립된 집행계획에 따라 정책내용을 실행에 옮기
는 단계이다. 집행과정 또한 집행담당자와 이해관계자들, 그리고 수혜
집단과 부담집단들 간의 경쟁과 갈등 그리고 타협과 조정이 불가피한
동태적 활동이다.

　　정책평가policy evaluation는 정책의 집행과정은 물론 집행활동으로
산출된 정책의 결과 등을 탐지하여 일정한 기준에 따라 검토 및 판단
하고 그 결과를 정책활동에 정보로 제공하는 일련의 활동이다. 정책평
가는 정책분석과 마찬가지로 정책체제 외에도 평가전문가를 비롯하여
다양한 개인이나 집단 및 기관들에 의해 이루어질 수 있다. 정책평가
는 평가의 주체, 대상, 시점, 방법, 횟수 등의 분류기준에 따라 다양하
게 유형화될 수 있는데, 각각의 평가유형은 분류기준에 차이가 있을
뿐 평가가 이루어지는 세부과정에서는 큰 차이가 없다. 따라서 정책평
가는 대체로 정보자료의 수집, 평가기준의 설정, 평가실시, 결과제시
등의 과정으로 이루어진다.

　　정책변동policy change은 정책과정 전반에서 발생하는 여러 가지
변화 양상을 말하는데, 정책내용의 변화는 물론 정책집행의 변화를 포
괄한다. 정책활동을 유발시킨 사회문제가 환경변화에 따라 질적으로
달라질 수 있으며 이러한 문제의 성격변화 또한 정책결정이나 정책집
행 또는 정책평가 도중에 파악되고 환류되어 정책의 변동을 일으키는

원인이 되기도 한다. 또한 정책과정의 각 단계에서 산출된 정보들이
이전 단계로 환류되어 정책활동의 변화를 야기하고 이러한 과정을 통
해 정책은 변동하게 된다. 정책변동의 유형은 그 변동의 내용에 따라
정책혁신, 정책유지, 정책승계, 정책종결(Hogwood & Peters, 1983) 등으
로 분류되는데, 정책의 유지와 승계가 가장 일반적인 형태의 정책변동
이라고 할 수 있다.

3. 정책과정의 공식적 참여자

정책은 국가 공동체의 모든 영역에 직간접의 영향을 미치는 것은
물론 구성원의 삶의 질이나 방향까지도 바꿀 수 있음으로 해서, 구성원
모두가 자신의 요구를 관철시키거나 비용부담을 최소화하기 위해 다양
한 형태로 정책과정에 참여하고 있다. 일반적으로 정책과정에 참여하는
자들은 법적 또는 제도적 자격을 가진 공식적 참여자와 그렇지 않은 임
의적이고 자발적인 비공식적 참여자로 구분된다. 이들 참여자 가운데
정책과정에 누가 어떻게 참여하느냐에 따라 정책의 내용이 달라질 수
도 있다는 점에서 참여자는 정책에 있어서 중요한 요소인 것이다.

정책과정의 공식적 참여자는 정책의제채택에서부터 정책결정은
물론 정책집행에 이르기까지 제도적인 권한을 가지고 참여할 수 있는
사람이나 기관으로서, 대통령, 정무관, 고급공무원, 국회의원, 사법부
등을 의미한다.

1) 대통령

정치체제의 특성에 따라 대통령의 지위와 권한에 다소 차이가 있지만, 대통령중심제에서 대통령은 행정수반과 국가원수로서의 지위를 동시에 지닌다. 대통령은 정책결정에 관한 권한과 정책집행에 관한 권한을 가지는데, 정책결정에 대한 권한으로는 법률을 거부하거나 정책안을 국회에 제안하는 권한과 국회의 의결을 요하지 않는 정책을 결정하는 권한이다. 그리고 정책집행에 있어서는 행정기관을 지휘하며 모든 정책의 집행을 감독하는 권한과 책임을 지니고 있다. 뿐만 아니라 국가의 긴급 또는 위기 시에 외교 및 국방 정책의 결정 및 집행에서 의회의 견제를 받지 않는 상당한 특권을 가지며, 국가적 위기의 관리를 담당할 책임과 이에 따르는 비상대권[1]을 가지고 있다.

동일한 대통령중심제라도 정책과정에서 나타나는 대통령의 역할은 국가 간에 상당한 차이가 있다. 상대적인 관점에서 비교하자면, 미국의 경우 외교국방정책과 같은 국가위기와 관련된 정책에 있어서는 대통령이 강력한 역할을 하게 되지만 국내정책의 경우에는 대통령의 역할이 비교적 제약된 편인데 반해, 우리나라의 경우는 정책의제설정에서부터 정책집행에 이르기까지 대통령이 압도적인 영향력을 미치고 있는데, 정책결정은 물론 정책의제설정에 있어서도 법률안 제출권을 가지고 있기 때문에 강력한 권한을 행사한다.

---

1 비상대권은 국가의 천재지변 또는 중대한 재정적·경제적 위기 시에 국가원수가 평상시의 법치주의에 의하지 않고 특별한 비상조치를 취할 수 있는 권한을 말한다.

2) 정무관

정무관은 선거에 의하여 취임하거나 임명에 국회의 동의를 필요로 하는 공무원과 국무위원, 각 부처의 차관 등 정치적인 직종에 속하는 공무원으로, 보통의 경우 정책에 대한 정치적 책임을 지는 장관 및 차관을 말한다. 이들은 정책과정의 공식적 참여자로서 정책결정에서 최종의 권한을 갖는 사람들이다. 정부의 활동과 업무에 대하여 기본지침이 되는 주요 정책결정이 정무관의 주요 임무이며 그 결과에 대한 정치적 또는 행정적 책임을 져야 한다. 대통령이나 국무총리는 이들에 대한 임명권 행사를 통해 직접 참여할 수 없는 정책결정에 간접적으로 영향을 미치게 된다.

정무관들은 고급공무원들에 의해 건의된 여러 대안들 중에서 최종적으로 최선의 대안을 선택하여야 한다. 대개의 경우, 정무관들은 고급공무원들에 비해 전문성이 약하지만 정책문제에 대한 인식과 개략적인 해결 방향을 제시해야 한다. 따라서 고도의 정치적 판단력뿐만 아니라 다양한 의견을 광범하게 수용하고 정책결정에 부하의 참여를 유도하는 태도, 새로운 정책제안을 할 수 있는 분위기의 조성, 정책추진에 대한 적극성과 책임성, 불확실성을 극복할 수 있는 미래예측능력, 복잡한 상황을 분석정리하고 이를 체계화할 수 있는 직관과 창의력 등이 정무관들에게 요구되고 있다.

3) 고급공무원

전문지식을 가진 것으로 간주되는 고급공무원은 법령에 의하여

임용된 각 부처의 5급 이상 2급까지의 직업공무원을 의미한다. 고급공
무원들은 정책에 관한 경험이나 전문지식을 활용하여 정보 및 자료를
수집 및 분석하고 정책대안을 탐색 및 개발하는 등의 활동을 통해 정
책결정은 물론 정책집행을 지휘 감독하는 등 정책과정에 광범하게 관
여하고 있다.

고급공무원은 정책과정에서 정무관을 보좌하는 것은 물론 정책과
정에서 대립 또는 경합되는 여러 가지 이해관계를 조정하고 궁극적으
로는 공익에 부합하도록 수렴하여야 한다. 하지만 우리나라 고급공무
원의 경우 잦은 순환보직과 심한 업무부담 등으로 특정 경험이나 전문
성을 축적할 기회가 절대적으로 부족한 실정이다. 이들 고급공무원이
정책과 관련한 경험이나 전문성이 부족하거나 결여되어 있으면 정무관
의 취약점을 보완하거나 정책과정의 합리성을 제고하는 데 충분한 역
할을 하지 못하게 된다. 따라서 고급공무원들이 정책 관련 지식과 문
제해결 능력을 강화할 수 있는 지속적이고 체계적인 교육과 훈련의 제
공은 물론 업무수행에 대한 제도적 개선이 요구된다.

4) 국회의원

국회의원은 선거에 의해 선출된 국가 구성원들의 대표이자 대리
인으로서 입법 활동이나 정책결정과정에 참여하여 정책에 영향을 미치
고 있다. 국회의원은 비록 독자적인 정책결정권은 없으나, 법률을 제정
하고 예산을 심의하며 주요 국가정책을 결정하는 최고 의사결정기관이
자 국민의 대표기관인 의회의 구성원이다. 따라서 국회의원은 국민의
요구나 사회문제, 그리고 선거에서 제시한 공약을 법률제정이나 정책

결정 과정에 참여하여 민의가 제대로 반영되도록 활동한다. 국민의 대리인으로서 민의의 수렴과정이 다양한 이해관계자들 간의 갈등과 대립을 조정과 타협을 통해 이루어진다는 점에서 오늘날과 같은 다원적 사회에서 정책의 정당성을 확보할 수 있는 바람직한 수단이다.

　우리나라의 경우, 국회의원이 정책과정에 참여하거나 민의반영의 역할을 수행하는 정도가 선진국에 비하여 상대적으로 저조한 실정이다. 의원 자신이 정책문제에 대한 전문성을 확보하지 못한데다 정치적 경험 또한 많지 않아 민의의 대변자적 역할 인식 및 수행이 부족할 뿐만 아니라 선거에서 당선되면 유권자보다는 자신의 정치생명의 유지에 지나치게 치중하는 경우가 많다. 이는 선거과정에서 국회의원 후보로 출마하여 당선되기 위해서는 정당의 공천이 현실적으로 중요하기 때문에 민의보다는 소속정당의 노선이나 방침을 우선시하게 되기 때문이다.

5) 사법부

　사법부는 공식적 참여자들 가운데 상대적으로 그 역할이 활발하지 않지만 그럼에도 불구하고 법령 및 집행행위에 통제를 가함으로써 정책과정에 중요한 참여자로 역할을 수행한다. 대부분의 주요 정책들이 법령의 형태로 나타나거나 이에 근거하여 집행행위를 통해 실현되기 때문이다. 또한 사법부의 판단은 최종적 결정으로서 누구도 번복할 수 없다는 점에서 사법부가 정책과정에서 막강한 영향력 미치고 있다. 사법부는 그 성격상 재판[2]이 전제가 된 사항에 대하여 판결로 나타나

---

2 재판은 법규의 적용에 대해 개인이나 집단 간 분쟁 당사자로부터 제기된 소송을 전제로 그 소송에 대해 사법부가 내리는 가부나 처분 등의 판결을 말한다.

기 때문에 정책결정보다는 주로 집행과정에 미치는 영향력이 더욱 크다 하겠다. 물론 정치적 갈등이나 대립이 헌법재판소나 대법원의 판결로 그 해결의 가닥을 잡게 된다는 점에서 정책결정기능 또한 수행한다고 할 것이다. 이처럼 사법부 또한 정책과정 전반에 걸쳐 영향을 미치는 공식적 참여자에 해당한다.

우리나라의 경우, 사법부를 구성하는 기관이 법원과 헌법재판소로 이원화되어 있다. 법원은 소송[3] 절차에 따른 사법권[4]의 행사를 본래의 직무로 하는 국가기관이며, 헌법재판소는 사법권 중 위헌법률 심판, 탄핵 심판, 위헌정당 해산, 권한쟁의 심판, 헌법소원 심판 등을 관할하는 국가기관이다(백승기, 2016). 민주화 이후 정치적 또는 사회적 갈등과 충돌로 야기된 여러 문제가 행정부와 국회를 넘어 사법부의 판결로 해결되는 경향이 증가하고 있다. 이러한 경향은 정치와 사법의 관계, 민주주의와 헌법재판의 정당성 등에 대한 근본적 문제를 제기하고 있다(정정길 외, 2011).

4. 정책과정의 비공식적 참여자

정책과정의 비공식참여자는 정책의제설과 정책결정 그리고 정책집행과정 등에 공식적으로 참여할 수 있는 제도적 권한은 없지만 정책과정에 간접적으로 참여하여 상당한 영향력을 미치는 사람이나 기관을 의미한다. 따라서 이들은 해당 정책과 이해관계를 가지거나, 정책결정

---

3 소송은 그 주체에 따라 민사소송, 형사소송, 행정소송, 헌법소송 등으로 구분된다.
4 사법권은 민사, 형사, 행정 등에 관한 재판을 할 수 있는 권리이다.

에 영향력을 행사할 수 있는 지위에 있거나, 영향력을 행사하려는 의도를 가지고 정책과정에 간접적으로 참여하는 경우가 대부분이다. 이를 테면, 정당, 이익집단, NGO, 언론매체, 전문가, 일반시민 등이 대표적인 비공식적 참여자에 해당한다.

1) 정당

우리나라 정당법은 정당을 "국민의 이익을 위하여 책임 있는 정치적 주장이나 정책을 추진하고 공직선거의 후보자를 추천 또는 지지함으로써 국민의 정치적 의사형성에 참여함을 목적으로 하는 국민의 자발적 조직"이라고 정의하고 있다. 다시 말하자면, 동일한 정치적 견해를 가진 사람들이 정권을 획득하여 정치적 이상을 실현하기 위하여 조직한 단체인 것이다. 따라서 정당은 헌법상의 기관은 아니지만, 일반국민이나 사회집단의 요구를 수렴하여 정책대안으로 제시하는 이익결집interest aggregation 역할은 물론 자체의 이익을 위하여 정부에 직접 요구를 투입하는 이익표출interest articulation 역할을 수행한다(Almond & Powell, 1980).

정당이 정권을 장악하기 위해서는 선거에서의 정책대결이 불가피하다. 따라서 정당은 정책대안을 제시하여 정책으로 채택되도록 정치적 협상을 벌이는 동시에 정책체제에 다양한 영향력을 행사한다. 특히 여당의 경우에는 정책대안을 국회에 제출하여 법률로 가결하거나 행정부에 제시하여 정책화하도록 요구하는 것은 물론 집행이나 평가 과정에서도 원하는 방향으로 추진 또는 진행되도록 실질적인 영향력을 행사하기도 한다. 야당의 경우에도 정책에 대한 정치적 평가와 집행과정에서의 실패나 오류 또는 부정부패 등에 대한 비판, 통제, 감시 등을 통해 정책과정의 수정은 물론 정책내용까지도 수정이 이루어지도록 하는 중요한 역할을 수행한다.

2) 이익집단

이익집단interest group은 구성원들의 공통된 이익 증진을 목적으로 결집된 자발적 결사체이며, 개별적으로 자신의 이익이나 목표를 추구하는 것에 비해 집단화를 통해 이해관계를 추구하는 것이 보다 효과적이기 때문이다. 특정 사회문제에 대하여 직접 또는 간접적인 이해관계나 관심을 공유하는 개인들의 집합체이므로 자신들의 이해관계에 영향을 미치게 되는 정책에 대해서는 민감하게 반응하여 자신들의 이해관계를 표출한다. 따라서 이익집단은 정책결정에 공식적인 결정권이나 법적 권한을 지니고 참여하는 것이 아니므로 정책과정에 영향력을 행사하는 압력단체인 비공식적 참여자에 해당한다.

정책결정과정에서 이익집단이 제시하는 이해관계 또는 관심사항에 관한 의견을 통해 정책결정자가 해당 정책문제에 대해 보다 정확히 내용을 파악할 수 있게 함으로써 궁극적으로는 실현가능성이 보다 높은 정책수립을 가능하도록 한다. 따라서 특정 사회문제와 관련하여 이익집단들이 정책결정과정에 투입하는 각종의 요구나 주장, 또는 지지나 반대는 공식적인 정책결정권을 가진 참여자들의 결정과정에 상당한 영향을 주게 된다. 한편 특정 문제에 대한 이익집단의 영향력은 관련 변수의 유형과 내용에 따라 다르게 나타나는데, 이익집단 구성원의 수와 분포범위, 집단의 경제적 능력과 보유자원의 규모, 집단의 조직력과 응집력, 집단의 사회적 인식prestige, 정책결정체제에의 접근가능성, 경쟁 집단의 유무와 규모 등이 대표적인 변수에 해당한다(김규정, 1998).

3) NGO

NGO[non-governmental organization, 비정부단체]는 시민들의 자발적인 참여로 이루어진 민간기구이며, 그 성격의 초점에 따라 NPO[nonprofit organization, 비영리단체], 자발적 단체voluntary organization, 시민단체civic organization 등으로 불리기도 한다. 이들 명칭에서도 알 수 있듯이, NGO는 경제적 영리 대신에 공익을 추구하고 정부 및 시장과 독립적으로 운영되며 시민들의 자발적인 참여는 물론 자율적이고 자치적으로 운영되는 특성을 갖는다. 이러한 점에서 정부가 공권력을 가지고 공익을 추구하는 공공영역이나 시장메커니즘을 통해 영리를 추구하는 민간영역과는 구별된다는 점에서 제3영역the third sector으로 불리기도 한다.

오늘날 NGO는 정책과정에서 여러 가지 역할을 다양하게 수행하고 있는데, 특히 정부나 시장의 문제 및 불합리에 대해 견제와 비판 또는 대안을 제시함으로써 정책과정에 영향을 미치고 있다. 그 외에도, 사회적 수요가 있지만 시장이나 정부에 의해 생산 또는 공급되지 않는 비시장적 재화나 서비스를 생산하는 역할을 한다. 또한 소비자와 생산자간 분쟁이나 인권보호 등의 부문에서 중재자로서의 역할뿐만 아니라 정부의 정책개발이나 집행활동을 지원하거나 대행하는 역할을 수행하기도 한다. 그럼에도 불구하고 기부금이나 후원금에 의존하는 재정의 취약성으로 인하여 사회의 공동선을 추구하기보다는 기부자나 후원자

의 요구에 순응하게 되거나 또는 단순히 단체의 유지 및 운영의 비대
화나 관료화가 초래될 위험성이 존재한다(김영래 외, 2004).

4) 언론매체

언론매체mass media를 통하여 언론은 사회에서 발생하는 다양한
사건이나 새로운 정보와 같은 객관적 사실을 사회구성원들에게 알려주
는 기본적 역할 외에, 사회 이슈의 형성과 발전에 있어서 프레이밍효
과framing effect5를 유발함으로써 일반대중이 관심을 갖도록 여론형성
의 실마리를 제공하거나 공중의제public agenda로 확산시키는 데 결정
적 역할을 한다. 다시 말하자면, 발생한 특정 사건이나 문제를 사회구
성원들에게 알리거나 사회 내에 표출된 특정 이슈를 해설을 통해 문제
의 중요성을 부각시키는 것은 물론 정책체제에 전달하여 정책의제로
전환하는데 결정적인 역할을 담당한다는 것이다. 뿐만 아니라 정부기
관이나 공권력에 대한 비판과 감시를 비롯하여 정책활동에 대한 비판
적 또는 대안적 보도를 함으로써 정책형성은 물론 정책집행이 보다 바
람직하게 이루어지도록 직접 또는 간접적으로 정책과정 전반에 중대한
영향을 미친다. 반면에 정책과정의 참여자들은 대부분 자신이 지지 또
는 반대하는 정책에 대해 상당한 정보와 나름대로의 입장을 가지고 있
기 때문에 언론매체가 정책과정에 영향을 미치는 영향력은 매우 제한
적 이라는 주장(Kingdon, 2003)도 제기된다.

---

5 동일한 사건이나 상황임에도 불구하고 문제의 표현 방식에 따라 개인의 판단이나
  선택이 달라질 수 있는 현상을 말한다.

5) 전문가

국가 공동체 차원에서 해결해야 하는 사회문제들이 지니는 다양성과 복잡성 그리고 불확실성 등으로 인하여 문제의 진단과 파악은 물론 대안의 탐색과 개발에 있어서 관련 분야 전문가의 수요가 증가함에 따라 그들의 정책과정에 대한 영향력 또한 증대하고 있다. 전문가들은 전문지식을 근거로 기존 정책에 대한 비판과 평가뿐만 아니라 제기된 문제에 대한 분석결과와 정책대안을 제시하고 정책으로 추진될 경우에 나타날 결과를 예측하기도 한다. 이처럼 전문가들은 그들의 전문성을 활용하여 정책과정 전반에 영향을 미치게 된다.

전문가들을 정책과정에 참여시킴으로써 고도의 다양한 전문지식을 정책에 반영시킬 수 있을 뿐만 아니라 정책에 권위를 부여하는 효과를 유발할 수 있는 것은 물론 향후 정책과 관련하여 야기될 수 있는 논란으로부터 어느 정도는 정책체제가 자유로울 수 있다. 또한 전문가들의 판단에 근거하여 특정 이익이나 기득권에 집착하지 않고 보다 합리적 결정을 할 수 있기 때문에 정책과정에 대한 국민의 신뢰를 확보할 수도 있다. 한편 비공식적 참여자로서의 전문가는 정책결정 및 결과에 대한 책임이 없기 때문에 정책체제의 입장을 충분히 고려하지 않을 수도 있으며, 전문가 자신들의 정치적 선호에 따라 또는 과학적 사실에 대한 해석에 따라 특정 의제나 대안을 편향적으로 부각시킬 수 있는 위험성도 있다.

6) 일반시민

민주주의 국가 공동체에서의 구성원은 공직자를 선출하고 정책과정에 참여함으로써 정책과정에 영향을 미칠 수 있지만, 일반 구성원 개개인의 정책참여는 소극적일 뿐만 아니라 참여하더라도 결정적인 영향을 미치는 경우는 미미한 실정이다. 일반시민은 모임, 집회, 인터넷, 입법청원 등을 통해서 자신의 의견을 표출할 수 있으나 정책과정에 미치는 영향력이 매우 미미하지만 집단적으로 공감되거나 공유되는 경우에는 시위나 폭동과 같은 극단적인 형태로 표출되어 정책의제설정에서 강력한 영향력을 행사하기도 한다. 뿐만 아니라 선거나 투표 또는 민원, 청원, 진정 그리고 정책담당자와의 접촉 등을 통해서 정책과정에 영향을 미칠 수도 있다. 이처럼 대의민주주의 체제에서는 일반시민의 정책과정 참여가 대부분 간접적 방식으로 이루어지기 때문에 일반시민이 정책과정에 미치는 영향력은 상당히 미약할 수밖에 없다.

정책참여자의 관계

민주주의의 발전과 시민사회의 성장 그리고 사회제도의 변화 등으로 정부에 대한 국가구성원들의 요구와 참여 방식이 적극적이고 다양해지는 것은 물론 그에 대한 정책체제의 대응방식과 정책과정에서의 참여자들의 관계 및 역할 또한 여러 가지 형태로 전개되고 있다. 정책과정에 참여하는 정책참여자들 간의 관계와 역할에 따라 정책의 내용은 물론 그 과정과 절차 또한 다르게 나타나고 있다. 따라서 정책참여자에 초점을 맞추어 정책과정을 이해할 필요가 있다는 점에서 정책참여자의 관계를 설명하는 엘리트론, 이익집단론, 다원주의론, 하위정부론, 조합주의론, 정책네트워크론 등의 다양한 이론들을 권력모형, 정책네트워크모형, 거버넌스모형 등으로 구분하여 소개한다.

1. 권력모형

정책결정을 보는 관점은 크게 2가지, 즉 권력적 요소가 배제된 합리적이고 분석적인 노력의 산물로 최선의 것을 선택하는 기술적 결정

technical decision, 그리고 서로 대립하는 다양한 이해관계와 선호를 가진 정책참여자들 간에 이루어지는 정치적 상호작용의 산물로 정치적 자원 또는 권력의 크기에 따라 정책이 결정되는 정치적 결정political decision으로 구분된다. 권력모형은 정책결정에 있어서 정치적 또는 권력적 요소에 초점을 두고 정책결정이 참여자들의 정치적 자원을 바탕에 둔 상호작용에 의해서 이루어진다고 보는 시각으로서, 엘리트론, 다원주의이론, 무의사결정론, 조합주의이론 등이 대표적 이론이다.

1) 엘리트론

엘리트론elite theory은 정치과정 속에서 일어나는 많은 정치적 행위 중에서 특히 지배엘리트들의 권력작용에 관심을 두고 정책현상을 분석한 이론이다. 이 이론의 시각은 정책이 일반국민의 요구를 반영한 것이 아니라 지배엘리트의 선호와 가치를 표현한 것으로 간주한다. 민주주의 정책체제에서 표면적으로는 소수의 엘리트가 정책을 결정하는 것처럼 비춰질 수도 있으나 실질적으로는 다수의 일반국민들의 영향력에 의해 정책이 결정되는 것으로 간주된다. 그러나 실제 현실에서는 소수의 지배엘리트들에 의해서 모든 것이 이루어지는 것으로 보는 시각이다(Mills, 1956; Hunter, 1963). 엘리트론을 보다 구체적으로 살펴보면, 소수의 지배엘리트들이 정책과정의 전반을 주도하는데, 특히 정책과정에서 그들의 권력을 충분히 행사하므로 정책의제뿐만 아니라 정책내용이 여러 사회집단의 영향에 의해서가 아니라 소수의 엘리트들의 가치나 선호에 따라 결정된다는 것이다. 엘리트들은 대개 기득권을 가진 집단으로서 보수주의적 성향을 띠고 있으므로 그들이 채택하는 정

책의제는 기존의 정책현실과 유사하거나 점진적인 성격의 것들이 대부
분이다. 엘리트가 대중에게 유리한 정책의제를 채택하는 경우도 있지
만, 그것은 대중의 요구에 의한 것이 아니라 엘리트가 대중을 위한 시
혜적 조치일 뿐이며 궁극적으로는 엘리트의 가치나 필요에 의해서 이
루어지는 것으로 본다.

이러한 시각은 다원주의자들에 의해 비판을 받는데, 사회 내에 안
정적인 권력구조가 존재한다는 가정 하에서 엘리트론자들이 논의를 전
개하고 있지만 그와 같은 안정적 권력구조의 존재 여부는 실증적인 연
구의 대상이지 가정의 대상이 아니라는 것이다. 또한 엘리트들이 지닌
지위나 명성이 중요한 권력의 기반이기는 하지만 권력 그 자체가 아니
기 때문에 구체적인 정책결정사례를 통해 엘리트들의 역할에 대한 실
증적 연구가 필요하다고 본다.

2) 다원주의론

다원주의론pluralism theory은 정책결정과정에서의 주요 행위자를
집단으로 가정하고 이들 집단이 사회에서 효과적인 권력 소유자들이라
고 주장한다(Dahl, 1961; Polsby, 1980). 이들 집단은 구성원들이 공유하
는 이익에 의해 결합되고 정부의 정책과정에 동등한 접근 기회를 가지
고 있으며, 정부는 집단경쟁의 공정성을 보장하고 게임의 결과가 수용
되도록 하는 역할을 한다. 따라서 정책과정의 주도자는 이익집단들이
며 정부는 갈등적 이익을 조정하는 중재자 또는 게임규칙의 준수를 독
려하는 심판자의 역할을 수행한다(Jordan, 1990). 다원주의론은 분산된
불평등의 개념을 사용하여, 한 정책 영역에서 유력한 집단들이 다른

정책영역에서는 유력하지 않으며 정책결정과정이 분절화 되어 있는 것으로 파악한다(박종민, 2000). 그리고 정책은 개방적이고 공정한 정치과정에서 서로 갈등하고 경쟁하는 집단들 간의 상호작용의 균형을 통해 형성되며 이러한 균형은 집단들의 상대적인 영향력에 따라 결정된다는 것이다. 이처럼 다원주의론은 개인과 집단들의 이익은 보이지 않는 손에 의해 자동적으로 여과되고 조화를 이루어 사회구성원들의 이익이 골고루 반영된다는 낙관적 시각에 기초하고 있다(안해균, 1997). 한편 신다원주의neo-pluralism 또는 후기다원주의post pluralism 역시 정책이 집단경쟁의 산물이라고 본다는 점에서 초기 다원주의론과 일치하지만, 정치과정이 모든 집단들에 동일하게 개방되어 있지 않을 뿐만 아니라 공정하지도 않은 것으로 간주한다는 점에서는 초기 다원주의론과 차이가 난다(Lindblom, 1977). 어떤 집단은 사회경제적 구조에서 차지하는 특별한 지위로 인해 정부로부터 특권을 부여받는데 기업집단이 대표적인 예에 해당한다(Stone, 1980)는 것이다.

다원주의론은 집단의 중요성을 강조하며 집단의 행태에 초점을 맞추고 있기 때문에 관료와 정부의 이해관계와 영향력을 무시하고 독자적 정책결정의 능력을 간과하고 있다(Nordlinger, 1981)는 비판을 받는다. 또 다른 비판으로는, 정책과정에서 정책목표와 수단은 물론 정책본질을 좌우하는 이데올로기의 영향력을 무시하고 정부에 가해지는 외적인 환경이나 구조적인 제약이 정책에 미치는 영향을 고려하지 못한다는 점이다. 한편 신다원주의론의 기업에 대한 특권 부여와 관련하여, 자본주의 국가에서 불황이나 인플레이션 등은 정부의 존립 기반을 위태롭게 하므로 재집권을 위해서 기업의 수익성을 보장해 줘야 한다는 점에서 정부는 중립적인 중재자가 아니며 기업의 이익에 민감하게 반응하는데, 이는 사회 내의 불평등구조를 심화시키게 되는 문제가 있는 것(정정길 외, 2011)으로 지적된다.

3) 무의사결정론

엘리트론을 비판한 다원주의론에 대해 다시 무의사결정론이 비판을 하는데, 다원주의론이 정책결정에 영향을 미치는 엘리트의 두 가지 측면을 고려하지 못하고 있다는 것이다. 다시 말하자면 엘리트가 정책문제의 해결을 위한 정책결정에 영향력을 행사하는 것은 물론 정책결정 이전의 의제설정과정에서도 영향력을 행사하는데, 다원주의론이 후자의 영향력에 대해 충분한 고려를 하지 않고 있다는 것이다. 엘리트는 자신에게 안전하고 유리한 이슈만을 논의하고 불리한 문제는 처음부터 제기조차 되지 못하도록 방치하거나 차단하는데 이를 무의사결정 non-decision making이라 한다. 이때 정책의제설정과정에서 엘리트가 은밀하게 영향력을 행사하는 주체가 엘리트라는 점에서 엘리트론과 구분하여 신엘리트론이라 불리기도 한다.

어떤 문제를 정책의제로 채택한다는 것은 정부가 해당 문제를 해결하기 위하여 어떠한 정책수단을 마련하겠다는 공식적인 의지의 표현인 반면, 어떤 문제를 정책의제로 채택하지 않는 것은 그에 대한 정책대안을 마련하지 않겠다는 결정과 마찬가지라는 것이다. 따라서 무의사결정은 이처럼 정책의제로 채택되기를 요구하는 문제를 정책의제로 채택되지 못하도록 차단하거나 방치하는 일체의 행위를 포함하는 결정이다. 이러한 무의사결정은 기득권이나 체제를 위협하는 문제가 정책

결정단계에 이르지 못하도록 하거나, 그것이 실패하면 계속해서 그 다
음 단계인 결정 및 집행단계에서 해당 문제에 대한 대응을 방해 또는
억제하는 현상이다. 이러한 무의사결정은 주로 기존의 가치배분 상태
로부터 이익을 얻고 있어 변화를 원하지 않는 개인 및 집단에 의해 행
해지는 것이다.

　　무의사결정을 추진하는 수단이나 방법, 즉 다른 행위자가 영향력
을 행사하려는 시도나 행동을 실패로 돌아가게 하는 수단 또는 방법에
는 폭력의 사용, 권력의 행사, 위장합의, 편견의 동원, 협박과 회유 등
이 있다. 먼저, 폭력의 사용은 물리적인 힘이나 강제에 의해 이를 저지
하는 것으로 무의사결정을 위한 가장 직접적이고 극단적인 수단이다.
이는 어떤 집단이나 개인의 사회적 행동에 대한 선택의 여지를 완전히
박탈하거나 제한하기 위해 발생한다. 둘째, 권력의 행사는 폭력보다 온
건한 방법으로서 타인이 소유하거나 추구하는 가치를 박탈거나 박탈하
겠다고 위협함으로써 타인의 행동양식을 사전에 통제할 수 있는 능력
을 행사하는 방법이다. 셋째, 위장합의는 정책결정자들이나 기득권자
들의 새로운 갈등주도자들에 대한 일종의 기만행위인데, 형식적으로는
변화요구에 동조하는 것처럼 행동하나 실질적으로는 그것을 이용하여
현재 상태를 더욱 확고히 하는 데 주력한다. 즉 일단은 요구에 응함으
로써 문제제기집단의 요구 강도를 완화시키거나, 뒤에서 설득이나 강
제 또는 가치주입 등을 통해 이를 무산시켜 나가기도 하고, 우선 요구
를 들어주는 것처럼 위장하고 시간을 끌어 무산시켜 나가는 다양한 방
법을 구사하기도 한다. 넷째, 편견의 동원은 무의사결정을 위한 간접적
인 수단으로 볼 수 있는데, 기존의 편견을 동원하여 변화에의 요구를

억압해 버리는 것이다. 예를 들자면, 변화요구를 비민주적 또는 비도덕적이라든가, 혹은 확립된 절차나 규칙을 침해한다는 이유를 들어 꺾어버리는 방법을 말한다. 마지막으로, 문제를 주장하거나 제기하는 자들에 대해 협박이나 회유를 통해 그 문제가 정책의제로 채택되지 못하도록 하는 방법이다. 이때 협박은 문제를 제기하는 개인이나 집단에 대해 물리적 혹은 정신적 위협을 가하는 것이며, 회유는 특정한 조건이나 설득 등을 이용하여 주장을 취소 혹은 철회하거나 다른 방향으로 돌리게 하는 것이다.

4) 조합주의론

조합주의론corporatism theory은 다원주의적 이익대표체제에 대한 대안적 이론으로서, 정부와 기능적으로 분화된 이익집단 간의 관계에 초점을 두고 있다. 엘리트론이나 다원주의론에서는 사적 집단과 공적 정부를 구분하고 정부는 집단 압력의 대상이 된다. 하지만 조합주의론에서는 집단과 정부 간의 구분이 없고 정부 또한 자체이익을 지니면서 이익집단의 활동을 규정하고 포섭 또는 억압하는 독립적이고 자율적인 행위자인 동시에 정책결정과정의 주요한 참여자로 간주된다. 또한 다원주의론이 정부의 수동적 성격과 이익집단의 정부에 대한 투입 기능을 강조하는 데 반해, 조합주의론은 정부의 능동적 성격과 이익집단에 대한 통제 기능에 초점을 둔다(백승기, 2016).[1] 조합주의론에 따르면, 정부는 중립적이지 않으며 특정 이익집단에게 범주이익을 대변하는 독점

---

1 Schmitter & Lehmbruch(1979)는 정부 역할의 정도에 따라 국가조합주의와 사회조합주의로 구분하고 있다.

적 지위를 부여하지만 특정 이익집단에 대해서는 차별적으로 배제하기
도 한다. 또한 이익집단의 결성은 집단의 이익 못지않게 사회적 합의
를 유도하기 위한 정부의 의도이기도 하다. 정부는 추진하려는 정책을
입법화시키고, 집단은 정부에 접근하는 특권과 범주이익을 대변하는
독점적 지위를 확보한다. 정부조직과 독점집단들은 서로 제휴하여 정
책결정과 집행을 통제하는데, 다른 집단들이 효과적인 역할을 못하도
록 정책과정으로부터 배제됨에 따라 정책결정과정이 폐쇄적 성격을 지
니게 된다(박종민, 2000). 결국 정책이 엘리트론처럼 단일의 엘리트집단
에 의해서 결정되거나 혹은 다원주의론처럼 집단들 간의 상호작용에
의해서 결정되는 것이 아니라 정부와 집단 간의 협상과 타협을 통해
이루어지는 산물이라는 것이다(Stone, 1989).

2. 정책네트워크모형

정책과정에서 정부와 이익집단의 역할과 관계를 중심으로 정책현
상을 설명하는 기존의 권력모형으로는 오늘날의 정치행정 현실을 설명
하는 데 있어서 이론적 논리와 현실적 설명력에 한계가 있다. 정책 현
실은 정부의 공식적인 참여자들만이 아니라 비공식적 부문에서의 다양
한 집단들 간의 상호작용이 정책과정과 산출에 영향을 미치고 있기 때
문이다. 따라서 기존의 권력모형이 갖는 국가중심 또는 사회중심 접근
이라는 이분법적 논리를 보완하여, 정부와 이익집단은 물론 비정부조
직을 포함하는 보다 다양한 참여자들의 관계를 설명하는 접근방법이
정책네트워크모형policy networks model이다. 다시 말하자면, 정책네트

워크모형은 정치행정현상, 특히 정책현상에 국가와 사회, 즉 공공부문과 민간부문의 상이한 기능적 영역으로부터 다수의 행위자들이 관련되는 것으로서 이들 행위자들 간의 관계와 상호작용의 방식 및 결과에 관심을 갖는다.

정책네트워크모형의 배경이나 성격 등에 대해서는 여러 가지 주장이 제기되는데, 이들을 종합하면 대체로 엘리트론, 다원주의론, 조합주의론에 대한 대안으로 파악되고 있다(정정길 외, 2011). 정책네트워크모형은 일반적으로 3가지 유형, 즉 하위정부모형, 정책공동체모형, 이슈네트워크모형으로 나누어져 설명되는데, 이들을 폐쇄와 개방이라는 연속선continuum상에 두면 폐쇄적인 하위정부와 개방적인 이슈네트워크, 그리고 그 중간에 정책공동체를 배치할 수 있다. 그런데 이들은 상호배타적이 아니라 한 정책영역에서 함께 존재할 수 있는 것[2]으로 간주된다(Rhodes & Marsh, 1992).

1) 하위정부모형

하위정부모형subgovernments model은 특정 영역에 관련된 소수의 이익집단과 정부기관 및 의회위원회가 하위체제subsystem를 형성하여 해당 영역별로 정책의 결정과 집행에 영향을 미치는데, 이들 3자간 연합이 외부로부터의 개입을 배제하고 상당히 독립적인 역할을 수행한다는 점에서 철의 삼각iron-triangles으로 불리기도 한다. 이들은 추구하는 이해관계가 각각 다르지만 상호 양립하는 이해관계의 확보를 위해 견

---

[2] 예를 들자면, 한 정책영역에서 정책공동체와 이슈네트워크가 공존할 수 있다는 것이다(백승기, 2016).

고한 관계를 형성하고 관련 정책의 결정과 집행에 상호 협력적인 활동
을 수행하게 된다.

2) 정책공동체모형

정책공동체모형policy communities model은 하위정부모형에 대한
대안적 모형으로, 주요 참여자에 전문가집단이 추가된 점과 그로 인해
전문적 지식제공자로서 행정관료의 역할이 축소된 점이 하위정부모형
과 다르다. 보다 구체적으로 말하자면, 정책공동체의 구성원에 조직화
된 이익집단, 정부기관, 의회위원회 이외에 대학, 연구기관, 정부 내의
전문가들로 구성된 전문가집단이 추가된 것이다. 각 영역별 정책공동
체의 구성원들은 관심사항을 서로 공유하고 있고 상대방이 유용하게
활용할 수 있는 자원을 가지고 있기 때문에 주기적인 상호접촉을 통해
일련의 공통된 이해와 공동체적 정서를 지니게 된다. 한편 정책문제가
공동체 내부에서 해결되어야 한다는 데 동의하지만 구성원들 간의 이
해관계가 다르기 때문에 해결방안을 둘러싸고 갈등이 발생할 수도 있
다는 점에서 합의와 협력에 의해 정책결정이 이루어진다는 하위정부모
형과는 차이가 난다(양승일, 2015).

3) 이슈네트워크모형

이슈네트워크모형issue networks model 또한 하위정부모형에 대한
비판적 시각에서 제시된 모형으로 하위정부모형이 잘못되었다기보다
는 매우 불안정적이라고 지적한다(Heclo, 1978). 사회 내에서 이익집단
의 수적 성장과 다원화로 인하여 하위정부의 역할이 더 이상 불가능해

질 뿐만 아니라 정책 결정이나 집행과 같은 정책현상을 폐쇄적 삼각관
계로만 접근하는 경우에는 개방적 네트워크의 역할을 간과하게 되는
약점을 지니게 된다는 것이다. 이슈네트워크모형에 따르면, 이슈네트
워크의 행위자는 정부와 의회 그리고 특정 이익집단과 전문가집단으로
한정되는 정책공동체와는 다르게 조직화된 이익집단뿐만 아니라 조직
화되지 않은 개인, 전문가, 언론 등도 참여가 가능하다. 따라서 이슈네
트워크의 경계는 분명하게 정의된 하위정부의 경계와 달리 정의가 어
렵고 가시화 또한 거의 불가능하며, 참여자들의 네트워크에 대한 진입
과 탈퇴가 용이하게 이루어진다. 이들 행위자는 이슈의 성격이나 상황
에 따라 주요 행위자가 변할 수 있으며, 주로 기업 관련 이익집단이나
전문적인 이익집단이 주도적 행위자가 된다(Marsh, 1998). 이러한 이슈
네트워크의 정책에 대한 영향력은 구성원들의 해당 이슈에 대한 전문
성의 수준에 따라 결정되는 것으로 본다. 따라서 공통의 기술적 전문
성을 지닌 대규모의 참여자들이 연결된 지식공유집단인 이슈네트워크
가 정책에 미치는 과정과 영향에 관심을 두고 있다.

정책공동체와 이슈네트워크의 특징을 정책행위자, 관계구조, 상호
작용, 정책산출 측면에서 살펴보면, 첫째, 정책공동체는 행위자의 범위
가 정부기관과 특정 이익집단 및 전문가집단으로 한정된 상대적으로
폐쇄적이고 안정적인 네트워크인데 비해, 이슈네트워크는 개방적이고
유동적이며 주도적인 행위자를 분명하게 밝히는 것이 불가능한 네트워
크이며 정부의 역할에 있어서 정부를 다른 참가자에 비해 보다 중요한
행위자로 인정하지만 여전히 개별행위자로 간주한다. 둘째, 정책네트
워크모형은 행위자들 간의 관계형성이 행위자들이 가진 자원들의 상호

의존성에 기인하는 것으로 파악된다. 그에 비해 정책공동체는 행위자들 간에 권력배분이 비교적 균등한 포지티브 섬positive sum 게임의 성격인 상호 협력적인 관계를 지니지만, 이슈네트워크는 권력배분의 편차가 심한 네거티브 섬negative sum 게임의 성격인 경쟁적 관계를 지닌다. 셋째, 정부와 이익집단의 상호작용에서 정책공동체가 행위자간 빈번하고 협력적인 상호작용과 밀접하고 안정적이고 상호의존적 관계망을 가지지만 조합주의론처럼 국가목표의 달성과 같은 공적 명분이 아니라 각자의 이익달성을 추구한다. 한편 이슈네트워크는 다원주의론처럼 다양한 전략을 사용하기 때문에 행위자들 간의 상호작용이 일정하거나 안정적이지는 않지만, 다원주의론의 경우처럼 경쟁적이고 갈등적인 관계뿐만 아니라 목표와 이해관계가 일치하는 행위자들 간에는 지지연합이 형성되기도 한다. 넷째, 행위자들 간의 상호작용을 통해 나오는 정책산출이 정책공동체의 경우는 처음 의도한 정책내용과 크게 다르지 않고 집행공동체가 정책공동체와 동일한 경우가 많기 때문에 집행결과 또한 유사하지만, 이슈네트워크는 행위자가 유동적이고 행위자들 간 이해공유의 정도도 매우 낮아 정책산출을 예측하기 어려우며 정책집행 결과는 의도된 정책내용과 상이한 경우가 많다(정정길 외, 2011).

3. 거버넌스모형

20세기 후반부터 행정은 물론 정책 연구에 대한 새로운 접근방법으로 거버넌스governance에 대한 관심과 사용이 확대되고 있다. 먼저 이른바 '정부에서 거버넌스로 from government to governance', 즉 독

점적이고 일방적인 통치방식의 정부에서 계층적 관료제뿐만 아니라 시
장과 네트워크를 포괄하여 관리와 지원 및 조정하는 국정관리방식의
거버넌스로 바뀌게 된 현실적 배경의 흐름을 살펴볼 필요가 있다.
1980년에 이르러 글로벌화globalization의 진전과 시민사회의 등장 및
역량강화로 인하여 정책과정에서 정부의 배타적 독점력과 위계적 통제
력이 약화되고 시민사회와의 협력이 강조된 것은 물론 신자유주의가
대두됨에 따라 국가의 지나친 시장개입의 비효율성에 대한 대안으로
산출과 성과 중심의 신공공관리론new public management과 같은 시장
친화적 거버넌스가 강조되었다. 그 뒤를 이어서 신자유주의의 지나친
경쟁과 효율성 추구의 폐해를 보완하기 위한 대안으로 공동체를 강조
하는 네트워크 거버넌스가 등장하게 되었다.

　　이와 같은 배경 때문에 거버넌스는 사용자의 관점에 따라 다소의
차이가 있을 뿐만 아니라 실제 현상에 대한 설명과정에서 지속적으로

표 6-1 　거버넌스와 뉴거버넌스의 비교

거버넌스	구 분	뉴거버넌스
국정관리	관리론	신국정관리
신자유주의, 신공공관리	인식론	공동체주의, 참여주의
시 장	관리구조	공동체
결과-효율성, 생산성	관리가치	과정-민주성, 정치성
고 객	국민인식	주 인
공공기업가	관료역할	조정자
고객지향	관리방식	임무지향
경쟁체제-시장메커니즘	작동원리	협력체제-참여메커니즘
민영화, 민간위탁	서비스	공동생산-민간부문의 참여
조직 내	분석수준	조직 간

출처: 양승일(2013)

변형되어 사용되기 때문에 간단히 설명하기에는 어려운 개념이다. 따라서 이러한 개념적 모호성과 혼란을 극복하기 위해 거버넌스 앞에 종종 수식어를 붙여 사용하기도 한다. 거버넌스를 정책문제 해결의 조정coordination방식으로 사용하면서, 정부가 주도적 역할을 하는 구거버넌스old governance와 정부와 시민사회 간의 파트너십 및 네트워크가 주도적인 역할을 하는 신거버넌스new governance로 구분하거나, 계층제 거버넌스, 시장 거버넌스, 네트워크 거버넌스 등으로 구분하기도 한다(유재원·이승모, 2008). 이와 같은 이유로 개념상의 모호성을 줄이고 새로운 방식으로서 거버넌스를 종래의 거버넌스와 구분하기 위하여 뉴거버넌스new governance라는 용어를 사용하여야 한다(한석태, 2017)는 입장이 대두되었다.

뉴거버넌스론이 민간부문을 수용한다는 점에서 신공공관리론과 유사하지만 일정 부분 차이가 있다. 즉 신공공관리론이 경쟁과 결과에 초점을 두고 조직 내의 관계에 관심이 많으며 국민을 고객customer으로 인식하여 서비스를 제공받는 수동적인 존재로 국한시키는 반면, 뉴거버넌스론은 협력과 과정에 초점을 두고 조직 간의 관계에 역점을 두며 국민을 주인owner으로 인식하여 정부의 의제와 정책을 결정하는 능동적인 존재로 간주한다. 여러 가지 요소별로 비교하여 정리한 [표 6-2]는 거버넌스와 뉴거버넌스의 차이를 보다 분명하게 이해하는 데 도움을 제공한다.

뉴거버넌스론의 핵심은 네트워크를 통한 보다 효율적인 정책관리인데, 정부의 독점적이고 직접적인 서비스제공에는 더 이상 한계가 있으며 시장메커니즘 또한 시장실패를 초래하기 때문에 정부와 비정부의

표 6-2 정부 · 시장 · 시민사회와 뉴거버넌스

특 성	정부[관료제]	시 장	시민사회
문화적 배경	위계주의	개인주의	평등주의
주요 행위자	정부관료	소비자 · 생산자	시민 · 시민단체
지배 이념	법치주의	시장주의	공동체주의
추구하는 가치	공 익	사 익	공동체 이익
상호작용 원리	명령 · 권위	가격 · 경쟁	신뢰 · 협력
수 단	법 · 강제	계약 · 자율적 교환	참여 · 상호조정
문제 해결 조정 방식	계층제적 통제		
	신공공관리		
	뉴거버넌스		

출처: 한석태(2017)

네트워크에 주목해야 한다는 것이다. 뉴거버넌스는 전통적 계층제에 의존하던 거버넌스의 변형으로 공공부문에서 국가라는 한정된 범위가 아니라 정부, 시장, 시민사회 등이 함께 참여하여 네트워크를 구성하고 이를 통해 정책문제를 해결하는 새로운 형태의 조정방식이다. 정부 및 비정부 부문의 다양한 조직이 계층제적 위계가 없이 구성된 네트워크에 의해 공공서비스의 공급이 이루어진다는 것이다.

네트워크는 구성원들 간에 비교적 수평적인 자치적 필요성에 의해 형성되고 국가로부터 상당한 정도의 자율성을 지닌 행위자들이 자신들의 이익을 관철하기 위해 신뢰를 기반으로 지속적인 상호작용을 하게 된다. 네트워크를 구성하는 중앙정부, 지방정부, 기업, NGO, 지역사회 등은 상호 독립적이지만 모두 동등한 것은 아니며, 특히 정부는 전통적 정부처럼 우월하지 않지만 기본적으로 전체 네트워크를 관리하는 조정자의 입장에 있다(양승일, 2013). 따라서 네트워크의 성격과 활동내용, 그리고 그에 대한 적절한 관리방법 등이 정책학이나 행정학

에서 연구의 대상이 되고 있다(정정길 외, 2011).

　불확실성이 증대되고 있는 오늘날의 사회현실에서 지금까지 정부
나 민간부문 모두가 경험한 적이 없는 복잡한 사회문제가 발생하고 있
을 뿐만 아니라 정부가 독자적으로 해결할 수 없는 정책문제가 급격하
게 증가하고 있다. 이러한 현실상황에서 사회공동체 구성원들 간의 협
조가 절실히 요구되는 것은 물론 이러한 맥락에서 접근하는 뉴거버넌
스론은 정책관리에 있어서 매우 유용하고 현실적인 대안으로 평가되고
있다. 다만, 네트워크체제가 공공문제의 해결을 위한 상호작용에서 전
체를 반영하지 못하고 왜곡될 수도 있으며 그들만을 위한 성과로 귀결
될 수 있다는 점에서 문제의 여지가 있다.

07   정책의제설정

1. 정책의제설정의 의미

    사회 내에 존재하고 있는 문제[1]들 중에는 사회에 부각되어 경쟁이나 갈등을 유발하고 있는 문제도 있고, 당장은 잠재되어 있지만 쟁점화될 수 있는 문제도 있으며, 사회가 정부에 대해 해결을 요구하는 문제도 있고, 정부가 요구에 앞서 선제적 또는 적극적으로 대응하는 문제도 있다. 이처럼 다양한 사회문제들 가운데 정책체제가 해결을 시도하는 문제는 현실적으로 소수에 지나지 않는다. 결국 어떤 형태의 사회문제이든 정책체제가 정책의제policy agenda[2]로 채택하여야 비로소

---

1 여기서 '문제'는 해결이나 개선이 필요한 사안뿐만 아니라 쟁점(issue)이 되는 사안까지를 포함하는 개념이다. 문제의 범위를 전자로 한정할 경우, 사전적 또는 예방적 정책대응을 위한 정책의제설정을 설명하는 데 어려움이 있을 수 있다.

2 정책의제는 사회문제들 가운데 정부가 정책적 대응이 필요하다고 공식적으로 판단한 특정 문제를 의미한다. 여러 학자들이 다양하게 정의하고 있는데, 이를 테면 특정 정부기관에 의하여 진지하게 고려될 일련의 구체적이고도 특수한 사회문제 또는 사안들의 목록(Cobb & Elder, 1983), 수많은 요구들 중에서 정책결정자가 어떤 대책을 강구하지 않을 수 없다고 느끼거나 선택하게 되는 것(Anderson, 2003) 등과 같다.

정책적 대응이 가능하게 된다. 이때 여러 사회문제들 가운데 정부가 특정 문제에 대하여 정책적 대응이 필요하다고 판단하는 일련의 공식적 의사결정의 과정, 즉 정책의제설정agenda setting을 거치게 된다. 이렇게 정책의제설정을 통해 산출된 결과물을 정책문제policy problem라고 한다.

수많은 사회문제들 가운데 소수의 특정 문제만이 정책의제로 채택되는 까닭에는 여러 가지가 있겠으나 대부분의 경우, 문제의 성격이나 범위가 지엽적 또는 제한적이어서 전체 사회에 미치는 영향이 미약하여 정책체제의 관심을 얻지 못하거나 정부의 예산이나 자원이 부족하여 정책체제의 대응능력에 한계가 있기 때문이다. 또한 정책체제에서 막강한 영향력을 지닌 소수 엘리트들의 이해관계에 따라서 의도적으로 외면 또는 방치되기 때문인 경우도 있다(최봉기, 1985). 한편 정책의제로 채택이 되었더라도 시간이 경과하면서 문제 자체의 성격이 변화하여 정책의제로서의 지위를 잃게 되거나 새로운 정책의제의 채택으로 우선순위에서 뒤로 밀리기도 한다.

정책의제설정은 정책과정의 첫 단계로서 다른 어느 단계에 못지않게 중요한 것으로 인식되고 있다. 정책결정과 정책집행 등의 정책활동은 물론 정책분석과 정책평가 등의 지적활동을 포함하는 일련의 정책과정이 바로 정책의제설정에서부터 발단되기 때문이다. 정책체제의 기능적 차원에서 보자면, 체제의 환경으로부터 제시되는 요구와 지지가 체제로 투입되는 과정인 것이다. 따라서 정책의제설정은 체제와 환경이 상호작용을 통해 정책체제가 환경으로부터 투입물을 수용하는 과정에서 다양한 요소들, 즉 문제의 성격 외에도 주도집단과 정책참여자의 특성은 물론 여러 정치사회적 요소들에 의해서 좌우될 수 있다. 오늘날과 같이 거버넌스가 이루어지는 정책현실에서 이들 요소의 영향력은 더욱 증대하고 있다.

정책의제설정과정을 통해서 정부에 표출되는 문제들의 실체가 드러나게 되는 것은 물론, 상호 갈등이나 경쟁 관계에 있는 여러 사회문제들이 이 과정에서 정책체제가 대응해야 하는 우선순위가 결정되어진다. 또한 정책의제설정과정에서 벌어지는 문제들의 경합은 대부분 그 해결방안을 염두에 두고 이루어지기 때문에 타협을 통한 의제설정은 본질적으로 문제의 해결책에 대한 타협인 경우가 많다. 물론 정책의제설정과정에서 해당 문제해결을 위한 정책대안과 관련하여 이해관계자들 간에 타협이 있다하더라도, 그 정책대안이 정책결정과정을 거치면서 바뀔 수도 있다.

2. 정책의제설정의 과정

사회문제가 정책의제로 채택되기까지 여러 단계를 거치게 되는데, 문제의 성격이나 의제화의 주도집단 또는 정책체제의 시각과 입장 등에 따라서 정책의제로 설정되는 과정이 다르게 전개된다. 즉 사회문제의 특성이나 영향력, 이해관계자의 자원동원력, 문제해결의 가능성, 관련 집단의 정치적 판단 등의 여러 요소들과 이들의 조합 내용에 따라 거치는 단계가 가변적으로 진행된다는 것이다. 문제가 경쟁력을 상실하여 도중에 소멸되어 버리기도 하고 정책담당자에 의해 정책의제로 채택되기도 하며 경우에 따라서는 무의사결정으로 방치되기도 한다.

이처럼 수많은 변수들이 시시각각으로 달라질 뿐만 아니라 복잡하게 상호 작용하기 때문에 정책의제설정과정을 명확하게 파악하거나 제시하는 것이 사실상 불가능하다.

정책의제설정이 전개되는 과정을 Jones(1977)는 사건인지 및 문제정의, 결집 및 조직화, 대표, 의제채택 등의 4가지 단계로 나누고 있는데, 이때 사건인지는 사건에 대한 발견, 정보수집 및 파악, 그리고 해석하는 것이고, 문제정의는 그 문제를 초래한 사건을 분석 및 진단하여 문제의 내용을 명확히 밝히는 것을 의미한다. 또한 결집 및 조직화는 공통적인 이해관계를 가진 사람들이 자신들의 문제를 효과적으로 정부에 귀속시키기 위해 조직을 형성하는 것이다. 그리고 대표는 정부 접근통로를 의미하는데 해당 문제와 정부를 연결하는 연계활동을 의미한다. 마지막 단계인 의제채택은 문제가 정부에 귀속되어 의제의 지위를 얻고 의제목록에 오르는 것을 말한다.

한편 Cobb & Elder(1983)와 Eyestone(1978) 역시 정책의제설정과정을 4단계로 구분하고 있는데, 전자는 사회문제, 사회적 쟁점, 공중의제, 정부의제 등을, 그리고 후자는 사회문제의 인지, 문제의 사회쟁점화, 쟁점의 공중의제화, 쟁점의 공식의제화 등을 각각 제시하고 있다. 특히 문제의 사회쟁점화는 사회문제social problem에 대한 인식이나 해결방법에 대해 다른 견해를 갖는 다수의 개인이나 집단이 나타나서 그 문제와 관련하여 합의점을 찾지 못하고 논쟁이 야기되는 단계를 의미한다. 이러한 쟁점화는 대개 주도자initiator나 촉발장치triggering event에 의하여 유발되는 경우가 많다. 그리고 공중의제화는 사회적 쟁점social issue에 대하여 비판하고 그 해결책을 제시하려는 적극적인 태도를 지닌 이슈공중issue public의 역할에 의해 대중들이 그 문제에 관심을 가지게 되는 것은 물론 정부가 개입하여 해결하는 것이 마땅하다고 인정하게 되는 단계이다. 이어 공식의제화는 공중의제public agenda가 정책체제로 진입되어 정책담당자들이 그 해결을 위해 심각하게 고려할 것을 공식적으로 밝힌 정부의제governmental agenda로 변화하는 과정이다.

Cobb & Elder가 정책의제설정이 진행되는 이념형 경로로 '사회문제 - 사회적 쟁점 - 공중의제 - 정부의제'를 제시하고 있지만, 정책현실에서는 [그림 7-1]에서 보는 바와 같이 진행 경로가 4가지 유형으로 나타난다. 첫째 유형은 '사회문제 - 정부의제'인데, 사회문제가 정책체제에 의해 곧장 정부의제로 전환되는 경우이다. 둘째 유형은 '사회문제 - 사회적 쟁점 - 정부의제'로 사회문제가 쟁점화 되어 해결방법을 둘러싸고 논란이 되고 있지만 공중의제화 되기에 앞서 정부의제로 채택되는 경우이다. 셋째 유형은 '사회문제 - 공중의제 - 정부의제'이며, 문제의 심각성에 대한 인식이 급속히 광범위하게 확산되는 극적인 사건의 경우에 나타나는 유형으로, 사회문제가 사회적 쟁점화 단계를 거치지 않고 바로 정부의제로 전환되는 경우이다. 마지막 유형으로는 Cobb &

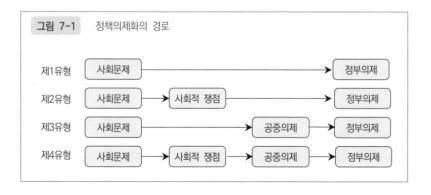

그림 7-1 정책의제화의 경로

제1유형 사회문제 ──────────────────────────→ 정부의제

제2유형 사회문제 → 사회적 쟁점 ──────────────→ 정부의제

제3유형 사회문제 ─────────────→ 공중의제 → 정부의제

제4유형 사회문제 → 사회적 쟁점 → 공중의제 → 정부의제

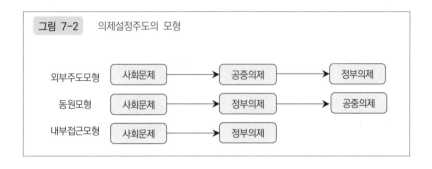

그림 7-2　의제설정주도의 모형

외부주도모형　사회문제　→　공중의제　→　정부의제

동원모형　사회문제　→　정부의제　→　공중의제

내부접근모형　사회문제　→　정부의제

Elder가 제시한 이념형과 동일한 경우이다.

　한편 Cobb et al.(1976)은 의제설정이 누구에 의해 주도되는지, 즉 정부주도 아니면 외부주도에 따라 의제설정과정은 물론 정책과정 전반이 다르게 전개되는 것으로 파악하고, [그림 7-2]와 같이 외부주도모형, 동원모형, 내부접근모형 등의 3가지 모형을 제시하고 있다. 먼저, 외부주도모형outside initiative model은 정부 외부에 있는 비정부집단에 의해 정부의 외부환경으로부터 제기된 요구가 쟁점화되어 공중에게 확산됨으로써 공중의제가 되고 결국 정부의제로 채택되는 의제형성과정을 거치는 경우이다. 이 모형은 민주적이고 다원화된 사회에서 주로 나타나는 유형이다. 다음으로, 동원모형mobilization model은 외부주도모형과 정반대로 정부 내부에서 주도하여 정부의제로 전환하는 경우이다. 정부의제로 채택되었다 하더라도 집행이 성공적으로 이루어질 수 있도록 일반대중의 지지와 협조를 확보하기 위해서 정부의 PR활동을 통해 정부의제를 거꾸로 공중의제로 확산시키는 것이다. 비록 정부의제로 채택되어 정책의 프레임이 결정되기는 하지만 공중의제화 과정에서 나타나는 여론을 반영하여 구체적인 정책의 내용을 결정하는 것이 바람직하기 때문이기도 하다. 마지막으로, 내부접근모형inside access model의

표 7-1 의제설정주도 모형의 특징

	외부주도모형	동원모형	내부접근모형
전개방향	외부→내부	내부→외부	내부→외부
공 개 성	고	중	저
참 여 도	고	중	저
공중의제 성립	확산단계	확산단계	불성립
정부의제 성립	진입단계	주도단계	주도단계

경우 정부 내부의 관료집단이나 정책결정자에게 자주 쉽게 접근할 수 있는 외부집단에 의하여 주도되어 정부의제로 전환된다. 내부접근모형과 동원모형이 정부의 내부집단에 의해 비교적 쉽게 정부의제화 한다는 점에서 유사하지만 내부접근모형이 동원모형에 비해 낮은 지위의 관료집단이 주도하며 공중의제화에 대해 소극적이라는 점에서 차이가 있다.

3. 정책의제설정의 이론

초기의 정책연구자들은 사회문제와 관련한 이해관계집단이 문제해결을 정부에 요구하면 정책체제로 투입되어 최종적으로는 정책의제로 채택되는 과정을 거치는 것으로 인식하였다. 그러나 1960년대에 발생한 일련의 흑인폭동을 계기로 심각한 인종차별 문제가 정부의제로 검토되지 않고 방치된 이유를 고찰하면서부터 정책의제설정에 대한 연구가 본격적으로 시작되었다. 정책의제설정이론은 사회문제가 정부의제로 채택되는 정책의제설정 현상을 어떠한 시각에서 설명하느냐에 관한 것이다. 정책의제설정이론은 시각의 초점에 따라 크게 의제설정행위자모형agenda setting actor model과 의제설정과정모형agenda setting process model으로 분류될 수 있는데(정정길 외, 2011), 전자에는 엘리트론, 다원주의론, 무의사결정론 등이 그리고 후자에는 정책흐름모형, 이슈관심주기모형, 동형화이론 등이 있다. 행위자에 초점을 둔 의제설정행위자모형의 경우는 이미 6장에서 다루었기 때문에, 여기에서는 과정에 초점을 둔 의제설정과정모형을 중심으로 소개한다.

1) 정책흐름모형

Kingdon(2003)이   제시한   정책흐름모형policy stream model은 Cohen et al.의 쓰레기통모형garbage can model[3]에 기초하고 있는데, 문제흐름problem stream, 정책흐름policy stream, 정치흐름political stream 3가지 흐름이 서로 다른 독립적인 경로로 흐르다가 어떤 시점에 '정책의 창policy window'이 열리면 서로 결합하게 되어 새로운 정책의제로 형성된다는 것이다. 이때 문제흐름은 문제의 속성, 문제의 상태, 문제에 대한 인식 등의 흐름이고, 정책흐름은 정책대안이나 문제의 해결책에 관한 흐름이며, 정치흐름은 정치이념, 이익집단, 선출공직자의 교체 등의 흐름을 의미한다. 사회적 사건이나 정치적 사건 등의 발생이 촉발장치가 되어 흐름에 변화를 유발하여 정책의 창이 열리게 되는데, 정권교체나 의회의 정당의석 변화 등과 같은 정치흐름에 의해 열리는 경우가 가장 많다. 이때 정책의 창은 정책참여자가 자신의 이해관계가 걸린 문제에 정부의 관심을 집중시키거나 그들이 지지하는 정책대안을

---

3 9장의 정책결정모형에서 자세히 소개하고 있다.

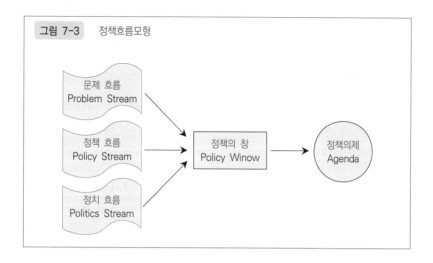

그림 7-3   정책흐름모형

관철시키는 기회를 의미한다(백승기, 2016). 한편 열린 정책의 창이 닫히게 되는 경우는, 해당 문제가 정책결정이나 입법에 의해서 충분히 다루어졌다고 판단되거나 어떤 형태로든지 정부의 행동을 유도하지 못하였을 때이다. 뿐만 아니라 정책의 창을 열리게 하였던 사건이 정책의 장에서 소멸되거나 문제에 대한 정책대안이 존재하지 않는 경우에도 정책의 창이 닫히게 된다(정정길 외, 2011). 이러한 정책흐름모형은 조직적 혼란 상태에서의 정책의제설정 상황을 우연으로만 설명하는 경향이 강하여 정책체제의 의지를 간과하는 것은 물론, 그와 같은 조직적 혼란 상태는 조직에서 부분적 또는 일시적으로 나타나는 경우이므로 정책의제설정에 대한 설명력에 한계가 있다는 비판을 받기도 한다.

2) 이슈관심주기모형

사회에서 부각된 사회문제나 특정 이슈에 대한 일반대중의 관심은 오랫동안 지속되지 않고 시간이 지남에 따라 사그라지는 경향이 있는데, 이러한 특성을 기반으로 이슈관심주기에 초점을 맞추어 정책의 제설정을 설명하는 모형이다(Downs, 1972). 특정 이슈가 등장하여 소멸되기까지 지속되는 정도는 이슈에 따라 차이를 보이지만 그 과정은 대개 5단계, 즉 문제의 잠복, 문제의 인식과 해결요구, 해결비용의 인식확산, 대중관심의 점진적 감소, 관심의 쇠퇴를 거친다.

첫째, 문제의 잠복pre-problem 단계는 바람직하지 못한 사회상태를 해당 분야의 전문가들이나 이익집단들은 이미 문제로 인식하고 있지만 다수의 일반대중들은 아직 파악조차 못하는 경우이다. 대개의 경우 이 단계에서 문제와 관련된 상황은 일반대중이 관심을 가지게 될 때까지 더욱 악화된다.

둘째, 문제의 인식과 해결요구alarmed discovery and euphoric enthusiasm 단계에서는 관련된 일련의 극적인 사건이나 다른 이유 때문에 일반대중이 갑자기 해당 문제의 심각성을 인식하고 경각심을 갖게 되는 것이다. 이러한 경각심으로 인하여 해당 문제를 조만간 해결할 수 있거나 효과적인 대책을 강구할 수 있는 사회적 능력을 기대하게 된다. 경각심과 기대감을 가진 일반대중들은 결국 정치지도자들에게 이들 문제를 해결하도록 압력을 행사하게 된다.

셋째, 해결비용의 인식확산realizing the cost of significant progress 단계에서는 해당 문제를 해결하는 데 많은 비용이 필요하다는 사실에 대한 인식이 점차 확산된다. 또한 문제해결을 위해서는 막대한 비용 이외에 수많은 사회구성원들의 상당한 희생도 요구되는데, 해당 문제가 다수의 사회구성원들에게 편익을 제공하고 있는 사회적 구조에서

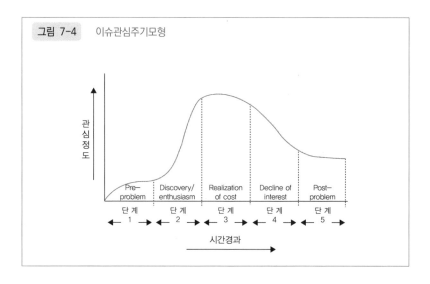

그림 7-4 이슈관심주기모형

초래되었다는 사실을 대중들이 깨닫기 시작한다. 점차로 문제와 해결 사이에 이러한 관계가 존재한다는 사실을 인식하는 대중의 수가 증가하게 된다.

넷째, 대중관심의 점진적 감소gradual decline of intensive public interest 단계는 셋째 단계에서 부지불식간에 전환되는데 문제에 대한 일반대중의 관심도가 줄어든다. 문제해결이 얼마나 어렵고 많은 비용을 필요로 하는지에 대해 깨닫는 대중의 수가 더욱 더 늘어나면서, 해당 이슈를 식상해하거나 문제해결에 부정적인 대중들이 생겨나게 된다. 마침내 해당 이슈에 대한 관심이 줄어들면서 결국 다른 이슈에 관심을 갖기 시작한다.

마지막으로, 관심의 쇠퇴post-problem 단계에서는 대중의 관심축이 다른 이슈로 옮겨가면서 해당 이슈는 관심에서 멀어져 간다. 해당 문제에 대한 대중의 관심이 높았을 때 문제해결을 위해 생겨난 새로운 제도나 프로그램 또는 정책들은 비록 대중의 관심이 다른 이슈로 옮겨 가더라도 지속되거나 여전히 영향력을 유지하게 된다. 일단 국민적 관심이슈로 부각되었던 주요 사회문제는 쉽게 대중의 관심을 다시 불러 일으킬 수도 있거나 아니면 문제의 핵심사항이 대중이 관심을 집중하고 있는 다른 새로운 문제와 접목되는 경우도 있다. 따라서 이미 이슈 관심주기를 거친 문제들은 그렇지 못한 문제들에 비해 항상 보다 높은 관심과 지지를 받게 된다.

3) 동형화이론

DiMaggio & Powell(1983)에 따르면 조직들이 관료제화되는 것은 관료제가 지닌 합리성 때문이 아니며, 어떤 형태의 조직변화이든 합리성과는 관련이 없다는 것이다. 오늘날 조직의 변화는 경쟁에 의한다거나 효율성의 필요에 기인하기보다는 유사한 환경적 조건에 있는 다른 조직을 닮아가는 과정, 즉 동형화isomorphism의 결과라는 주장이다. 조직의 동형화가 나타나는 이유로 3가지를 제시하고 있는데, 강압과 불확실성 그리고 전문화이다.

첫째, 정치적 영향력이나 정당성의 문제 때문에 나타나는 강압적 coercive 동형화인데, 조직이 의존하고 있는 다른 조직이나 조직이 소속된 사회의 문화적 기대로부터 가해지는 공식적 또는 비공식적 압력, 즉 강요나 설득, 또는 권유에 순응함으로써 나타난다. 둘째, 불확실성에 대비하는 일상적인 대응방식으로 초래되는 모방적mimetic 동형화인데, 조직운영 기법들이 제대로 파악되지 못하거나 조직의 목표가 불분명한 경우 또는 환경의 변화가 불확실하게 전개되는 경우 조직이 위험

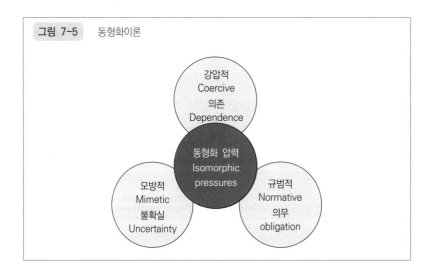

그림 7-5 동형화이론

부담을 줄이기 위해 다른 조직을 본받으려고 함으로써 나타난다. 셋째, 전문화와 관련하여 나타나는 규범적normative 동형화인데, 주로 전문가 집단 내에서 나타나는 유형으로서 전문가들은 문제를 보는 시각이 비슷하며 주어진 정책이나 절차 그리고 구조를 규범적으로 정당화된 것으로 간주하여 다수가 동일한 방식으로 행동함으로써 나타난다.

의제설정과정에서도 이러한 동형화 압력이 나타나는데, 어떤 정책의제가 사회적으로 바람직한 것인지 판단하기가 쉽지 않은 경우 수용의 정당성 수준에 근거해서 정책의제를 채택하게 된다는 것이다. 이를 테면, 정책의 궁극적 목표인 국민의 삶의 질 향상과 같은 모호한 정책목표를 추구하는 정책과정의 첫 단계에 해당하는 정책의제설정에서 정책체제는 관련 이해당사자들로부터 정당성을 확보할 수 있는 의제를 채택하려고 할 것이다. 비록 특정 이슈가 실제로 시급한 현안이라 하더라도 이에 대한 정치적 지지가 약하거나 기존의 선례가 존재하지 않는다면 이를 의제로 채택하지 않을 수도 있다. 오히려 시급하지 않더라도 특정 의제를 다른 국가에서 널리 채택하는 경우에는 사회적으로 그에 대한 정당성을 확보하기가 용이하기 때문에 정책체제가 부담 없이 의제로 채택하게 된다. 따라서 특정 사회문제에 대한 의제설정에 있어서 유사한 문제를 이미 해결하였거나 현재 진행 중인 국가의 정책의제를 그대로 모방하려는 동형화 압력이 작동하게 된다.

사회문제 해결을 위한 정책이전policy transfer 현상을 국가 간의 동형화로 이해할 수 있는데, 정책이전에 의한 동형화는 일반적으로 모방적 동형화에 의하여 이루어진다. 국가 간에 강압적 동형화를 통해 정책이전이 이루어질 수도 있으나 국제사회에서 그 가능성은 높지 않지만, 국내의 경제활동이 대외경제에 많이 의존하는 경우 강압적 동형화의 가능성을 배제할 수는 없다. 한편 규범적 동형화를 통한 정책이전은 전문성에 의해 정책과정이 지배되는 경우에 나타날 수 있는데, 이때 이전하려는 정책이 반드시 정책문제를 해결하거나 성과향상에 기여해야 하는 것은 아니다. 인과관계에 대한 명확한 파악이 부족하거나 불확실한 상황에서는 더 정당하다고 생각되거나 더 성공적인 것으로 인식되는 의제들이 동형화를 통해 그 수용의 정당성을 높여주기 때문이다.

4. 정책의제설정의 요인

사회문제가 정책의제로 채택되기까지 정책의제설정과정에 영향을 미치는 요인들이 많은데, 크게 의제채택을 촉진하는 촉매요인과 그 외의 일반요인으로, 그리고 이들 두 요인을 다시 국가차원의 국내적 및 국제적 또는 정책체제차원의 내부적 및 외부적 요인으로 구분한다.

1) 의제설정의 촉매요인

촉매요인은 지엽적 사회문제를 일반대중의 관심사항으로 확산시키거나 사회적 쟁점으로 전환시켜 정책의제로 채택되는 데 영향을 미치는 요소를 의미한다. 이러한 촉매요인은 어떤 특정 사건이나 현상 또는 관련된 일련의 사건이나 현상들이 서로 얽혀서 나타날 수도 있다. 촉매요인은 평소에 파악되지 않으며 예측되기도 어렵다는 점에서 일반요인과 구별된다. 이러한 촉매요인의 영향력에 따라 사회문제가 의제로 채택되는 과정이나 내용이 달라질 수 있는데, 이때 영향력은 그 범위와 강도를 통해 파악될 수 있다. 범위scope는 해당 요인으로 영향을 받는 사람의 수를 그리고 강도intensity는 해당 요인에 대해 대중이 보이는 반응의 정도를 말한다. 촉매요인에 대해 다수의 사람들이 강하게 반응한다면 사회문제는 의제로 채택될 가능성이 높아지게 된다.

국내의 촉매요인으로는 대규모의 자연재해, 비약적인 기술발전, 생태환경의 변화, 사회적 진화 등이, 그리고 국제적 요인으로는 국가간 전쟁행위, 간접적 분쟁, 경제적 갈등, 국가간 불균형 등이 대표적이다. 대규모의 자연재해는 예측이 어렵고 심각한 피해손실을 야기하며, 비약적인 기술발전은 사회 및 경제는 물론 정치 등 광범위한 영역에 엄청난 변화와 문제를 초래할 뿐만 아니라 생태계의 변화는 인간생존을 위협하게 되고 점진적이지만 부지불식간에 진행되는 사회적 진화 등은 기존의 제도와 정책의 변화를 요구하게 된다. 한편 오늘날의 과학기술이 물리적 공간을 무의미하게 만들어서 국가 간의 상호관계가 더욱 밀

접해지는 반면 갈등이나 분쟁의 가능성은 증가하는 현실이다. 경제적 갈등이나 대립은 물론 직간접적 분쟁과 세력 불균형은 예기치 못하는 심각한 상황으로 전개되어 여러 영역으로부터 정책적 조치를 취하도록 요구받게 된다.

2) 의제설정의 일반요인

일반요인에는 정책체제의 이념, 권력구조, 능력 등과 같은 내부적 요인과 사회문화, 정치회적 상황, 사회문제와 주도집단의 성격 등의 외부적 요인이 있다. 이들 일반요인의 경우는 정책체제와 환경에 대해 소개한 4장에서 설명하고 있다. 특히 사회문제의 경우, 그 성격이 포괄적일수록 관련 이해관계자가 많으므로 사회적 이슈화 가능성이 높고 사회에 미치는 심각성이 크고 장기화 될수록 의제로 채택될 가능성 또한 높아진다. 주도집단의 경우 또한 그 집단의 규모와 자원의 정도는 물론 주도집단이 정책체제의 외부에 있느냐 또는 내부에 있느냐에 따라 각각 다른 영향을 미치게 된다. 그리고 내부주도집단인 경우가 외부주도집단인 경우에 비해, 또는 주도집단의 규모가 크고 자원이 풍부할수록 의제로 채택될 가능성은 높아진다.

08 정책분석

1. 정책분석의 의미

　정책연구의 궁극적인 이유는 정책과정의 전반에 걸쳐 합리성ra-
tionality을 확보하는 데 필요한 여러 가지 정보를 산출하여 제공하는
것이다. 특히, 합리적인 정책결정을 위해 정책문제의 진단에서부터 문
제해결을 위한 정책대안의 탐색 및 개발과 최선의 대안을 도출하기까
지의 과학적이고 체계적으로 수행하는 지적 활동을 정책분석policy
analysis이라 한다. 정책분석은 합리적 정책결정에 필요한 정보를 산출
하는 체계적이고 분석적인 활동을 의미한다. 그러나 정책분석의 개념
이 정의하는 또는 사용하는 사람에 따라 다소의 차이를 보이는데, 정
책결정 이후의 정책집행이나 정책평가까지도 분석대상에 포함하는 넓
은 의미로 사용되기도 한다. 한편 정책분석을 보다 한정적 의미로는
정책을 위한 분석으로 사용하고, 보다 포괄적 의미로는 정책에 관한
분석까지도 포함하는 것으로 사용한다(노화준, 2010).
　복잡하고 동태적인 사회문제를 해결하기 위한 정책결정이 시간적

인 압박과 정치적인 이해관계는 물론 미래의 불확실성과 제한된 정보 등에 직면하여 이루어지는 정책현실에서 합리성을 확보하기가 쉽지 않다. 이러한 점에서 해결해야 할 정책문제를 명확히 규명하고, 활용 가능한 대안들을 탐색 및 개발하며, 대안들이 초래할 결과 예측과 대안 선택의 기준을 설정하여, 최선의 대안을 도출 및 제공하는 정책분석의 중요성은 매우 크다고 하겠다. 그 이유는 정책결정에서 정책분석의 결과를 활용함으로써 정치적 요소 이외에 분석적 요소를 함께 고려할 수 있게 되고, 따라서 보다 높은 합리성을 지닌 정책결정이 가능하기 때문이다.

2. 정책분석의 절차

정책분석이 진행되는 절차는 접근방법에 따라 다를 뿐 아니라 분석과제의 성격이나 분석자에 따라서도 다르게 나타난다. 다양하게 제시되는 절차들을 종합하면, 첫째, 정책문제를 진단하여 정의하고, 둘째, 문제해결을 위한 정책목표를 설정하며, 셋째, 목표달성이 가능한 정책대안을 탐색하거나 개발하고, 넷째, 각 정책대안이 초래할 결과를 예측하며, 다섯째, 정책대안의 결과들을 비교 및 평가하고, 마지막으로 최선의 정책대안을 선택 및 제시하는 6단계의 절차로 정리할 수 있다.

첫째, 정책문제의 분석과 정의 단계에서는 해결하고자 하는 정책문제가 무엇인지를 명확하게 파악하는 것이다. 당사자의 욕구를 충족하지 못함으로써 야기된 불만족스러운 상태, 즉 정책문제의 당사자와 문제의 규모, 범위, 심각성 등을 파악하고 그 구성요소와 원인을 규명하

는 것은 물론 문제의 결과를 예측하여 이들을 토대로 문제를 정의하게
된다. 이때 정책문제가 방치될 경우 야기될 미래 상태를 예측forecast하
는데, 일반적으로 과거로부터 지속되어온 추세를 투사projection하여
미래의 변화를 예측하는 외삽법extrapolation,1 모형model을 이용하여
미래를 예견prediction하는 이론적 가정theoretical assumption, 전문가 자
신의 식견을 토대로 미래를 추정conjecture하는 주관적 판단subjective
judgement 등이 사용된다. 한편, 정책문제가 바람직하게 정의되기 위해
서는 사회에 대한 보다 근본적인 문제의식에서 사회 전체적 입장을 고
려하고 선입견이나 편견을 배제하여야 한다. 정책문제 정의는 정책목
표의 설정과 정책대안의 탐색을 위해 필수적으로 선행되어야 한다는
점에서 그리고 처음에 문제에 대한 파악이 잘못되면 정책결정 또한 잘
못되는 것은 물론 정책활동 자체가 무의미하게 된다2는 점에서 매우
중요한 단계이다.

둘째, 정책목표의 설정 단계에서는 정책을 통해 달성하고자 하는
바람직한 미래 상태인 정책목표를 설정한다. 해당 문제의 해결을 통해
얻게 될 결과와 그 해결에 필요한 비용의 크기를 고려하여 목표가 정
해진다. 합리적인 정책결정을 위해서는 바람직한 정책목표를 설정하는
것이 매우 중요한데, 바람직한 정책목표는 2가지 속성, 즉 적합성과 적

---

1 구체적인 기법으로는 시계열 분석, 최소자승 경향 추정, 자료전환법 등이다. 참고로,
  일부 학자들이 외삽법을 정책대안의 결과예측 기법으로 다루고 있는데, 대안의 결
  과예측은 탐색된 대안이 새로운 정책으로 채택되어 집행되는 것을 전제로 이루어지
  는 작업이라는 점에서 과거와 현재 그리고 미래로 이어지는 외삽법에 의한 예측은
  아직 집행되지 않은 대안의 결과를 예측하는 기법으로는 적절하지 않다고 하겠다.
2 이러한 과오, 즉 잘못 선택된 문제를 해결하는 것(solving the wrong problem)을
  흔히 III종 오류(Type III Error)라고 한다(Dunn, 2009).

절성을 지녀야 한다. 정책목표의 적합성appropriateness은 달성할 가치가 있는 목표를 채택하였는지, 즉 정책목표의 달성을 통해 해결될 필요가 있는 문제요소들 가운데 가장 중요한 문제요소를 해결가능한지의 여부이다. 그리고 정책목표의 적절성adequacy은 달성하고자 하는 목표의 수준이 적당한지, 즉 문제 때문에 초래된 피해를 의도한 만큼 복구하기에 충분한 수준인지의 여부이다. 정책을 통해서 이루고자 하는 정책목표는 정책의 존재 이유가 되는 것은 물론 정책의 결정과 집행에 있어서 지침과 정책평가의 기준으로 기능한다. 이러한 기능을 수행하기 위해서는 정책목표가 명확하고 구체적이어야 하는데, 정책현실에서는 대부분의 정책목표가 애매모호하고 추상적으로 제시되고 있다. 그 이유는 구체적이고 명확할수록 광범위한 정치적 지지의 확보가 어려울 뿐만 아니라 정책과정에서 수정 또는 변경될 가능성이 커지기 때문이다.

셋째, 정책대안의 탐색과 개발 단계는 설정된 정책목표를 달성할 수 있는 구체적인 방법, 즉 정책수단policy means을 조합한 정책대안들policy alternatives을 찾아가는 과정으로서 정책결정의 합리성을 확보하는데 필요한 가장 핵심적인 부분이라 할 수 있다. 합리적인 정책결정이 되기 위해서는 가능한 많은 정책대안들을 탐색하거나 개발하는 것이 바람직하지만 정책현실에서는 소수에 국한하여 이루어질 수밖에 없다. 그 이유는 담당자의 능력부족으로 광범위한 탐색이 어렵기 때문이며 또는 관련 집단들의 이해관계가 충돌하거나 정책체제의 이념에 반하는 대안들은 아예 고려대상에서 제외되기 때문이다. 흔히 활용되는 정책대안의 원천source으로는 기존 또는 현존의 정책을 참고하거나 관련 기술이나 이론을 적용하며, 또는 브레인스토밍brainstorming이나 정책델파이policy delphi3와 같은 직관적 판단을 활용하거나 관련 이해관계집단의 제안을 고려하는 것 등이 있다. 한편 탐색 또는 개발된 정책대안들을 모두 분석하기에는 지나치게 많은 시간과 비용이 소요되므로 본격적인 분석작업에 앞서 예비분석preliminary analysis, 즉 여러 대안들 가운데 본격적으로 검토될 대안을 선별해내는 스크린작업screening을 실시한다. 이를 위해서 흔히 정책대안의 실현가능성feasibility과 지배가능성dominance을 기준으로 사용하여, 정책으로 채택 또는 집행될 가능성이 명백하게 없거나 확실하게 우월적인 다른 대안이 존재하는 대안은 제외시킨다.

넷째, 정책대안의 결과 예측 단계에서는 탐색 또는 개발된 각각의 대안이 집행될 경우에 나타날 결과를 예측한다. 보다 정확한 예측이 이루어지도록 여러 가지 양적 또는 질적 기법들이 개발되어 활용되지만, 미래의 불확실성과 상황의 복잡성 등으로 인해 정책대안이 실시되어 나타날 결과를 실시 이전에 미리 예상하는 결과예측은 여전히 어려운 작업임에 틀림이 없다. 그럼에도 불구하고 각 대안의 결과를 정확히는 아니더라도 가능한 정교한 예측을 통해 보다 우위에 있는 대안을 제시함으로써 정책결정에 있어서 분석적 측면에 대한 고려를 가능하게 하며, 결과적으로 정치적 요소뿐만 아니라 분석적 요소가 함께 반영된 합리적 정책결정이 이루어지는 데 기여한다. 특히 정책결정자에게 가장 약점이라 할 수 있는 분석적 능력과 촉박한 시간의 부족을 보완하

---

3 익명성, 반복적 피드백, 전문가의 합의 도출 등으로 특징되는 일반 델파이를 응용하여, 상반되는 입장에 있는 정책 관련자들의 의견을 표출시켜 정책대안을 개발하고 그 결과를 예측하는 기법이다.

는 데 도움을 제공할 수 있다.

다섯째, 정책대안의 비교 및 평가 단계는 일정한 기준을 적용하여 예측된 각 대안의 결과들을 비교 평가하게 되는데, 그 기준criteria으로는 소망성 차원과 실현가능성 차원이 있다. 소망성desirability 차원은 대안의 결과가 얼마나 바람직한지를 가늠하는 기준으로 효과성, 능률성, 형평성 등이 대표적이고, 실현가능성feasibility 차원은 정책대안이 현실에서 집행될 수 있는 정도를 의미하는 일종의 제약조건으로 기술적 실현가능성, 재정적 실현가능성, 정치적 실현가능성, 법적 실현가능성 등이 대표적이다. 이처럼 다양한 기준들 가운데 어떤 기준을 어떻게 적용할 것인가는 평가에 따라 매우 가변적이라 할 수 있다.

마지막으로, 최선의 대안 선택 및 제시 단계에서는 대안의 비교 및 평가의 결과를 토대로 상대적 우위에 있는 대안을 선택하여 정책결정을 위한 정보로 제공한다. 이때 제공되는 대안은 정책분석의 결과물인 지적 정보로서 제시되는 것이며, 정책으로서의 선택 여부는 정책결정과정에서 정책결정자에 의해 이루어진다.

3. 정책분석의 기법

정책문제의 파악에서부터 정책대안의 제시에 이르기는 정책분석의 전 과정에 걸쳐 다양한 기법들이 활용되고 있는데, 분석단계를 기준으로 정책문제의 여과 기법과 정책대안의 결과예측 기법 그리고 예측된 대안결과의 비교평가 기법으로 구분할 수 있다. 수많은 기법들을 모두 소개하는 데는 한계가 있으므로 각 단계별로 대표적인 몇 가지 기법들을 소개한다.

1) 정책문제의 여과 기법

정책문제를 파악하는 데는 많은 시간과 비용은 물론 노력이 요구되는데, 이처럼 다양한 자원의 투입이 대안의 탐색개발 및 결과예측뿐만 아니라 정책과정 전반에 걸쳐 요구된다. 따라서 문제분석의 효율성을 높이기 위해 대체로 문제여과를 실시하게 되는데, 여러 문제들을 검토하여 보다 정밀하게 분석할 문제를 골라내는 작업을 문제여과issue filtering라 한다. 문제여과의 기준으로는 문제의 중요성, 분석 결과의 활용 가능성, 분석의 실시 가능성 등이 대표적이다. 다시 말하자면, 문제의 심각성이나 정책비용의 규모 또는 문제의 복잡성과 불확실성 등이 매우 큰 문제의 경우이거나 분석의 결과가 정책결정과정에서 활용될 여지가 큰 경우, 또는 분석적이고 체계적인 문제파악이나 합리적 대안선택이 가능한 경우에는 보다 정밀한 분석이 필요하게 된다. 한편, 정책대안에 대해 정책참여자들 간 사전합의가 이루어졌거나 정책결정자가 확고한 인식을 가지고 있다면 문제분석과 대안제시가 무의미하게 된다. 또한 시간이나 비용 또는 능력 등이 부족한 경우이거나 정치적으로 민감하여 쟁점화나 정치세력 간 갈등이 초래될 수 있는 경우에는 문제분석이 불가능한 것은 물론 차후의 정책과정에서 활용될 가능성 또한 낮다.

문제여과의 방법으로는 요소별 점검법, 나뭇가지모양 분석법, 양자 혼합법 등이 대표적인데, 요소별 점검법은 각 문제에 대한 여과기준별 부합여부, 점수, 가중치 등의 합산결과에 따라 선택하는 방법으

| 그림 8-1 | 문제여과의 방법 |

여과기준	문제		
	A	B	C
1. 분석활동의 실행가능성			
자원의 동원	○	×	×
분석시간	○	○	○
분석비용	○	○	×
2. 분석결과의 활용 가능성			
정치적 민감성	○	×	×
가치 함축성	○	○	○
문제에 대한 관련 집단의 신념과 선입관	×	○	○
3. 문제의 유형			
복잡성	○	×	×
불확실성	×	×	×
4. 문제의 특성			
불일치의 정도	○	○	×
변화 가능성	○	○	○
합계	8-2=-6	6-4=+2	4-6=-2

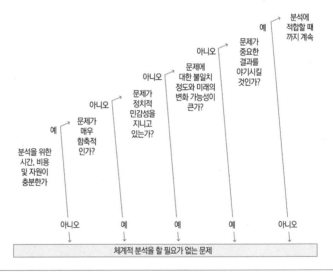

출처: 강근복(2000)

로, 특히 가중치의 배정이 주관적일 수 있는 단점이 있다. 의사결정 나무 분석법은 각 문제에 대해 여과기준을 순차적으로 적용하여 기준에 부합되지 않으면 다른 기준의 부합여부를 검토하지 않고 여과과정을 진행하는 방법인데, 시간과 비용 면에서 경제적이지만 단발성 판단이라는 약점이 있다. 이들 두 가지 방법을 혼합한 방법은 의사결정 나무 방법으로 진행하지만 약점을 보완하여 다른 여과기준의 부합여부도 점검하는 방법이다(강근복, 2000).

2) 정책대안의 결과예측 기법

최선의 정책대안이 선택될 수 있도록 각 대안의 결과를 보다 정확하게 예측하여야 한다는 점에서, 대안이 아직 현실에서 집행되기 이전에 이미 집행되었다고 가정하고 그 결과로서의 미래 상태를 예측하는 것은 매우 어려운 작업이다. 따라서 정책결정자가 짐작이나 직관을 이용한 비분석적 방법에 의존하는 경우가 적지 않은 실정이다. 이러한 문제점을 극복함으로써 보다 분석적이고 합리적인 정책결정이 이루어지는데 도움이 되도록 여러 가지 예측 방법들이 개발되어 왔는데, 모형을 이용하는 방법, 정책실험을 이용하는 방법, 직관 또는 주관을 이용하는 방법, 이해관계집단을 이용하는 방법 등이 있다(정정길 외, 2011).

먼저, 모형을 이용하는 방법은 정책대안이 초래할 효과의 모형을 작성하여 결과를 예측하는 것이다. 현실을 그대로 반영하는 것이 아니라 현실을 단순화시켜 놓은 모형, 즉 해결할 정책문제와 직접 관계된 여러 가지 요소들 가운데 중요한 요소들이 포함된 모형을 작성하여 대안의 결과예측에 활용하는 방법이다. 모형 작성에 있어서, 해결할 정책문제를 명확하게 파악하고 문제의 원인과 대안의 영향을 받는 결과들을 탐색하며, 원인변수와 결과변수 또는 요소들 간의 상호관계의 방향과 강도를 파악하여 모형의 파라미터parameter, 즉 인과관계의 화살표 위에 수치로 나타낸다. 이때 모형을 구성하는 변수나 요소 이외에 다른 여러 개입변수들이 존재할 수 있다.

작성된 모형을 통해 정책대안의 탐색에 도움을 받을 수 있는 것은 물론 특히 정책대안이 초래할 결과를 예측할 수 있다. 모형이 대안 탐색에 도움이 되는 이유는, 모형작성의 핵심이 정책문제의 발생 원인을 파악하는 것이고, 정책수단의 모색은 이러한 원인을 제거하거나 통제control 또는 조작manipulation하는 방법을 고려하는 것이며, 정책대안의 개발은 이렇게 확보된 정책수단들을 조합하는 것이기 때문이다. 한편, 모형의 가장 중요한 기능은 정책대안의 결과예측이라 할 수 있는데, 정책대안은 모형에 나타난 원인변수를 제거하거나 통제 또는 조작하는 것이고 모형 속의 파라미터가 파악되어 있으면 정책대안의 결과를 예측할 수 있게 된다. 이때 결과예측을 확정적deterministic으로 하는 경우와 확률적으로 하는 경우가 있는데, 확정적 모형에는 선형계획linear programming이 그리고 확률적 모형에는 의사결정분석decision analysis이 대표적이다. 물론 모형 자체의 오류 또는 상황에 대한 정보의 부족 등으로 예측되는 결과가 부정확해질 수도 있다.

다음으로, 정책실험이나 사회실험을 이용하여 예측하는 방법인데, 이론이나 모형에 의한 대안의 결과예측이 매우 불확실한 경우에 사용되고 있다. 정책실험은 정책이 특정 효과를 발생시키는지를 확인하기 위해서 전면적인 정책집행에 앞서 소규모로 일정 정책대상 집단에게 정책을 실시해 보는 일종의 실험적 또는 시범적인 정책집행이다. 동일한 정책목표에 대해 약간씩 다른 여러 가지 정책수단, 즉 정책대안에 해당하는 정책수단을 실시해 봄으로써 각각의 결과가 어떻게 나타나며 어떻게 서로 다른지를 확인하는 방법이다.

한편, 주관적 또는 직관적 방법에는 브레인스토밍, 델파이, 정책델파이 등이 있다. 브레인스토밍brainstorming은 즉흥적이고 자유롭게 정책대안을 도출하는 방법인데, 여러 사람들에게 각자의 아이디어, 즉 정책대안을 떠오르는 대로 아무런 제약 없이 제시하게 하고 제시된 대안들을 취합하여 전혀 실현가능성이 없는 대안들은 제거해 나가는 방법이다. 이 방법은 이미 언급한 바와 같이, 정책대안의 도출에도 사용되지만 대안의 결과예측에도 사용되는데, 결과예측보다는 주로 대안의 결과로 어떤 종류가 있는지를 파악하는 데 도움이 된다. 한편 델파이delphi는 전문가들의 주관적 의견을 종합하여 보다 합리적인 미래예측을 위해서 사용되는 방법으로, 익명성, 반복성과 환류, 합의 등의 특징을 갖는다. 보다 구체적으로 말하자면, 대면 토의가 아닌 서면을 통해 의견을 제시하도록 하여 익명성을 유지하고, 제시된 의견들을 종합하여 모든 참여자에게 제공하여 의견을 검토한 후 다시 각자 자신의 의견을 제시하도록 하는 환류과정을 몇 차례 반복하며, 결국에는 전문가들이 합의하여 아이디어를 도출하도록 유도하는 방법이다. 정책델파이policy delphi는 델파이의 기본원리를 활용하여 정책대안을 개발하고 그 결과를 예측하는 방법이다. 특히 정책델파이는 정반대의 입장에 있는 서로 대립되는 의견을 표출시키는데 목적이 있다는 점에서, 개인의 이해관계나 가치판단과는 관계없이 객관적인 입장에서 아이디어를 도출하려는 델파이와는 차이가 있다. 따라서 정책델파이는 정책관계자들에게 정책문제의 원인과 결과 등에 대하여 정보를 제공하고 의견을 얻는 방법이다. 처음에는 익명성을 유지하지만 의견을 종합하여 대립되는 대안이나 결과에 대해서는 공개적인 토론을 통해 대립된 의견을 최대한 활용하여 대안 도출은 물론 결과도 예측하도록 한다. 이처럼 참여한 정책관계자들의 역할분담role play을 통해 그들의 쟁점을 밝혀냄으로써 정책문제와 연계되어 나타나는 다양한 쟁점들에 대한 정보를 포괄적으로 제공받을 수 있다.

마지막으로, 이해관계를 이용하는 방법인데, 해당 정책문제에 직접적인 이해관계 당사자와 이익집단, 그리고 직접적인 이해관계는 없지만 공익적 차원에서 관심을 가지고 있는 세력인 NGO, 언론매체, 전문가집단 등이 여러 채널을 통해 제시한 해결방법들을 정책대안의 원천으로 활용하는 방법이다.

3) 대안결과의 비교평가 기법

정책분석 작업의 마지막 단계는 예측된 결과들을 토대로 정책대안들을 비교 및 평가하여 다른 대안들에 비해 우월한 최선의 대안을 선정하는 것인데, 이를 위해 우선순위를 정하는 평가기준이 필요하다. 이미 앞에서 언급한 바와 같이 평가기준에는 소망성과 실현가능성이 대표적이다.

대안의 소망성을 판단하는 기준인 효과성, 능률성, 형평성equity을 살펴보자면, 효과성effectiveness은 목표달성의 정도이고 능률성efficiency은 투입과 산출의 비율을 의미하는데, 산출 대신에 효과나 편익을 사용하기도 한다. 정책의 효과에는 목표달성의 결과로 나타나는 효과와 의도하지 않게 나타나는 부수효과side effect가 있는데, 목표는 그 개념이 애매할 뿐만 아니라 목표와 수단 간의 계층관계에서 어느 수준을 의미하는지에 따라 효과가 달라질 수 있다. 효과성은 목표달성의 극대화에 초점을 두고 선택하는 기준으로는 유용하지만 목표달성을 위해 사용되는 비용에 대해서는 고려를 하지 않고 있다.

대부분의 대안 평가가 목표달성의 극대화 이외에 정책비용4도 고려해야 한다는 점에서 능률성에 대한 고려도 요구된다. 능률성을 파악하기 위해서는 정책활동의 직접적 결과인 산출과 정책활동에 사용된 자원, 즉 투입 또는 비용이 사용되는데, 따라서 능률성은 산출을 투입으로 나누거나 산출을 비용으로 나누어 산정한다. 이때 투입 또는 비용에는 정책관련자가 직접 투입한 비용뿐만 아니라 직간접으로 발생되는 희생도 포함된다. 한편 산출과 효과를 분명하게 구분하기 어려운 경우가 많지만, 효과가 산출에 비해 보다 높은 수준의 개념으로서 산출보다 추상적이고 관찰가능성이 적다고 할 수 있다. 산출과 효과를 구별하여 산출 대신에 효과를 분자로 사용하는 넓은 의미의 능률성이 일반적으로 사용되는데, 이를 흔히 '효율성'이라고 표현한다. 넓은 의미의 능률성은 사회적 총효과를 사회적 총비용으로 나누는 개념5인데, 비용효과분석cost-effectiveness analysis이나 비용편익분석cost-benefit analysis은 효

---

4 정책을 집행하는 데 소요되는 자원을 정책비용이라 하는데 흔히 투입으로 표시되는 개념이며, 특정 정책의 집행을 위해 사용하는 직접비용과 여러 정책에 동시에 공통적으로 투입되는 간접비용이 있다.

5 사회적 능률성(social efficiency)과 비슷한 개념에 해당한다.

과나 편익을 비용으로 나눈 값을 사용하여 보다 능률적인 정책대안을 판단하는 기법이다.

소망성의 또 다른 기준인 형평성equity은 공정성fairness이나 정의 justice로도 표현되는데, 효과성이나 능률성과는 구별되는 다른 차원의 개념이다. 형평성은 '동일한 경우는 동일하게 취급'하는 수평적 형평성과 '서로 다른 경우는 서로 다르게 취급'하는 수직적 형평성으로 구분된다. 다시 말하자면, 수평적 형평성은 특정 기준에서 동일하면 기계적으로 동일하게 취급하는 것이고, 수직적 형평성은 인간존엄성에 있어서는 동일하지만 다른 차이가 있으면 차이가 있게 취급하는 것을 의미한다. 따라서 수직적 형평성은 배분적 정의를 의미하는데, 효과성이나 능률성과 모순 또는 충돌될 가능성이 있다.[6]

한편 실현가능성에 있어서, 기술적 실현가능성은 대안이 현재의 이용 가능한 기술로 실현이 가능한지의 여부이고, 재정적 실현가능성은 이용 가능한 재원으로 대안의 실현이 가능한지의 여부를 의미한다. 그리고 정치적 실현가능성은 대안의 선택과 집행이 정치적 측면에서 지원을 받을 가능성이며, 법적 실현가능성은 정책대안의 내용이 법률의 내용과 모순되지 않을 가능성, 즉 집행과정에서 법적 제약을 받지 않을 가능성을 의미한다. 특히 정치적 실현가능성이 크다고 해서 반드시 정치적 측면이나 다른 측면에서 바람직스러운 대안이라는 의미는

---

6 이를테면, A저수지를 건설하면 편익/비용이 1.2이고 B저수지를 건설하면 1.0인 경우, 능률성을 기준으로 보면 A저수지가 우수하다. 그러나 A저수지 건설로 증산되는 쌀이 모두 1명의 토지에서 발생하고 B저수지 건설로 증산되는 쌀은 100명의 소작 농의 토지에서 발생하는 경우, 형평성을 기준으로 보면 B저수지가 우수하다(정정길 외, 2011).

아니며, 법적 실현가능성은 대체로 규범적 성격을 지니기 때문에 윤리
적 실현가능성을 포함하기도 한다.

4. 정책분석의 한계

정책분석을 통해 어느 정도는 정책문제를 파악하거나 결론에 접
근할 수는 있지만, 분석 그 자체를 통해서 많은 쟁점인 문제들을 전적
으로 해결하는 데는 현실적으로 여러 한계가 있다. 즉 정책분석과정에
서 정책문제를 명확하게 정의하기가 간단하지 않고 결정을 필요로 하
는 문제의 복잡성에 비하여 필요한 정보확보의 제약이 심각하며, 또한
목표와 가치 등에 관한 정의나 조작화가 쉽지 않고 대안의 결과 및 효
과에 관한 정확한 파악이 곤란하다는 점이다. 게다가 정책분석의 특성
상 총괄적 파악이 어려운 것은 물론 정책분석 자체에 대한 저항에서
오는 제약도 존재한다는 점이다.

보다 구체적으로 언급하자면, 먼저 정책분석 담당자들은 분석의
대상인 정책문제를 명확히 파악하여 규명하여야 하는데, 이를 위해 문
제영역을 명시하고 문제의 성격을 체계화하여야 하지만 정보 및 자료
의 제약이나 시간적인 제약 또는 문제영역의 광범위성이나 모호성 등
으로 사실상 문제의 성격조차 파악하기 어려운 경우도 있다. 또한 해
결이 필요한 정책문제는 다양한 요소들과 복잡하게 연관되어 있을 뿐
만 아니라 그 복잡성이 사회의 급변과 더불어 더욱 심화되기 때문에
존재하는 관련 정보를 파악하기 어려운 것은 물론 파악하더라도 이용
가능한 상태로 체계화하는 데 비용이나 시간의 제약되기도 한다.

　　한편, 정책목표나 가치가 명확하게 정의되어야 하지만 정책분석가들 사이에 그에 대한 일치 또는 합의가 어려운데, 이는 각자가 자신의 주관을 가지고 있어서 검증이 어려운 규범이나 가치는 외면하고 입증 가능한 경험적 사실을 중심으로 편향되기 때문에 미래 인간의 가치에 대한 체계적인 분석에 제약이 뒤따르는 경우가 많다. 또한 문제의 해결수단인 대안이 가져올 결과나 효과를 예측하기 위해서는 필요한 정보의 확보와 정보처리에 충분한 시간과 능력이 요구되지만 현실에서는 이러한 필요가 충족되지 못함으로써 정확한 예측이 곤란하게 되는 경우가 많다.

　　이러한 한계는 지속적인 노력을 통해 어느 정도는 극복될 수 있지만 정책분석에 대한 거부나 저항 그리고 제한된 합리성limited rationality은 정책분석 자체를 위협하는 보다 심각한 문제이다. 요약하자면, 정책분석에 대한 일반대중의 무관심이나 막연한 적의, 이해관계나 선호에 따른 방해나 분석결과에 대한 저항, 분석가의 분석 능력 부족이나 정보 및 시간 등의 제약, 가치판단에 따른 주관성의 개입 등이 주요 원인이라고 할 수 있다.

09 정책결정

1. 정책결정의 개념

정책결정policy making은 정책결정자가 문제의 해결을 위해 필요한 주요 방침을 선택하는 의사결정 활동이다. 다시 말하자면, 정책결정은 정책분석을 통해 탐색된 정책대안들 가운데 특정 대안에 대해 정책결정 주체들이 최종적으로 승인approve하거나 조정modify 또는 거부reject 하는 일련의 행위이다(Anderson, 2003). 대개 정책의 최종결정은 국민을 대표하는 입법기관이나 정부기관의 각종 위원회에서 다수의 원칙1에 따라 이루어진다. 바람직한 정책결정을 위해서는 합리적인 결정방법이나 논리를 준수하는 것이 요구되지만, 현실에서는 여러 가지 제약이나 한계가 존재하기 때문에 그대로 지켜지기에는 어려움이 많다. 가장 대표적인 이유는 정책결정주체가 지닌 능력, 시간, 정보 등이 부족한 경

---

1 정책결정은 최종적으로 소수의 정치 엘리트에 의해 이루어지기도 하지만, 정책과정 전반에 걸쳐 사회의 다양한 집단들과 일반대중의 의견이 수렴되어 결정된다는 점에서 정책결정의 원리가 '다수의 원칙'(류지성, 2019)으로 간주된다.

우가 많고, 정책결정에 관여하는 정치세력들이 자신들의 이익을 위하여 합리적 결정을 방해하는 경우도 적지 않기 때문이다. 이처럼 현실적 여건이 합리적 정책결정을 어렵게 하더라도 결정주체 나름의 보다 합리적인 정책결정이 이루어지도록 노력하는 것이 필요하다.

의사결정decision making은 개인이 자신의 문제를 해결하기 위해서 여러 가지 대안 중에서 하나를 선택하거나 조직이 운영목표나 주요 계획의 달성을 위해 최선의 방안을 선택하는 행위를 말한다. 정책결정 또한 일반적인 의사결정의 한 형태로서 간주될 수 있는데, 정부기관이 공공문제에 대하여 행하는 의사결정을 말한다. 정책결정이든 의사결정이든 문제해결이나 목표달성을 위하여 여러 대안 중에서 하나의 대안을 선택한다는 점에서는 차이가 없기 때문에 정책결정에도 의사결정에 관한 일반이론이 적용될 수 있다. 그러나 정책결정은 이윤을 추구하는 기업체나 특정 목적을 지닌 기타 조직에 있어서의 의사결정과 상당한 유사성을 지니고 있으나, 그 차원에 있어서는 매우 다르다. 정책결정은 일반조직에 있어서의 의사결정과는 달리 가치선택이 문제되는 정치성과 공공성이 관련된다.

정책결정은 의사결정의 한 형태로서 의사결정에 관한 다양한 이론이 적용되지만 공익의 실현을 추구하는 것 외에도 몇 가지 특징을 지니는데, 가장 대표적인 것은 정책결정이 주로 정부의 공공기관에 의해 이루어진다는 점이다. 또한 정책결정은 예측이 어려운 장래를 지향하는 활동으로, 세밀한 지시가 아니라 일반적 주요 지침을 결정한다는 점이다. 뿐만 아니라 정책결정은 공식적 및 비공식적 성격을 가진 하위구조와 관련되어 다원적으로 이루어지며 상황이나 시간에 따라 변동하는 동태적 성격을 지닌다는 점이다. 따라서 정책결정은 공공성, 규범성, 포괄성, 정치성, 복잡성, 역동성 등으로 특징되는 활동이다.

2. 정책결정의 유형

정책결정은 그 성격이나 방식에 따라 여러 가지 유형으로 구분될 수 있는데, 이를테면 정형적 결정과 비정형적 결정, 전략적 결정과 전술적 결정, 개인적 결정과 집단적 결정, 단독결정과 공동결정 등이다 (이동수·최봉기, 2015).

먼저, 정형적 결정과 비정형적 결정의 경우, 정형적 결정 programed decision은 과거에 선례가 있는 정책결정으로, 어떤 새로운 조사활동이나 토론, 연구 등을 거치지 않고 과거의 선례나 경험에 따라 정책을 결정하는 것을 말한다. 따라서 문제해결을 위한 방법이 이미 밝혀져 있고, 그 방법을 실시하면 발생될 결과도 알고 있는 경우, 기계적이고 반복적으로 결정하는 방법이다. 반면에 비정형적 결정은 과거에 그와 같은 정책을 결정한 경험이나 선례가 없는 결정을 말한다. 정책결정non-programed decision주체가 직면하게 되는 다양한 문제들은 비록 경험한 문제라고 하더라도 해당 문제와 그 내용이나 성격에 있어 완전히 동일할 수는 없다. 이처럼 선례가 없어 미리 마련된 해결방안이 없거나 있어도 그것을 이용할 수 없음으로 인해 새로운 조사, 연구 등의 활동이 요구되거나 많은 토론과 숙고를 필요로 하는 결정을 비정형적 정책결정이라 한다.

전략적 결정과 전술적 결정에서, 전략적 결정strategic decision은 문제해결의 방안, 즉 '무엇을 할 것인가에 대한 결정'이다. 대부분의 정책결정이 문제해결이나 목표달성의 방향 및 방안에 대한 지침을 결정한다는 점에서 전략적 결정이 일반적이지만, 경우에 따라서는 보다 구체적인 내용을 담고 있기도 한다. 이처럼 보다 포괄적인 것에 관한 결정을 전략적 결정이라 한다. 한편 전술적 결정tactical decision은 '어떻게 할 것인가에 관한 결정'으로 전략적 결정을 실천에 옮기기 위한 수단 및 기법의 결정을 의미한다. 최근 과학과 기술의 비약적인 발전에 따라 어떤 정책이든 사용 가능한 수단들이 다양하게 개발되고 고도화된다는 점에서 전술적 결정보다는 전략적 결정의 중요성이 더욱 크게 부각되고 있다.

개인적 결정과 집단적 결정에서, 개인적 결정이란 최고정책결정자나 정책담당자 등이 개인의 독자적인 판단이나 분석에 의거하여 정책대안을 단독으로 선택하는 것을 말한다. 이러한 유형은 고도로 집권적인 정책체제 또는 기밀에 해당하는 문제해결에서 나타날 수 있지만 바람직한 민주적 결정방식은 아니라고 하겠다. 이와는 반대로, 집단적 결정은 정책문제에 관련된 이해관계자, 전문가, 관련 담당자 등이 모두 참여한 가운데 정책대안에 관한 충분한 검토와 분석을 거친 후 참여자들 간의 합의를 통해 정책을 결정하는 방식이다. 민주주의 사회에서는 가능한 개인적 결정을 지양하고 집단적 결정방식을 활용함으로써 결정된 정책에 대한 오해나 반발을 최소화하는 것이 바람직하다.

마지막으로 단독결정과 공동결정의 경우인데, 단독결정은 하나의 특정 정부나 기관이 자신의 의사와 책임 하에 그리고 관할범위 내에만 영향을 미치는 정책을 결정하는 것을 의미한다. 따라서 단독결정은 다른 정부나 기관의 정책에 영향을 미치거나 받지도 않는다. 하지만 공동결정은 중앙정부의 특정 부처와 지방정부 또는 지방정부 상호간의 공동 노력으로 정책결정이 이루어지는 것을 의미한다. 이러한 공동결정은 다시 수평적 공동결정과 수직적 공동결정으로 구분되는데, 전자는 참여주체들이 상호 횡적으로 연결되어 있는 경우이고 후자는 위계관계에 따라 종적으로 연결되어 있는 경우이다.

3. 정책결정의 모형

정책결정과 관련하여 다양한 모형들이 제시되어 왔는데, 이들 모형은 하나의 개념적 틀로서 합리적인 정책결정이 가능하도록 도움을 제공하고 있다. 이때 어떤 행위나 그 행위를 이끌어 낸 결정이 목표를 성취시키기에 적합한 경우를 합리적이라고 간주한다(Simon, 1993). 따라서 합리적 행위는 주어진 목표를 성취하기 위해 최적의 수단을 선택하는 계산된 행위를 의미한다(Waldo, 1955). 이러한 맥락에서 보자면, 합리적 의사결정은 설정된 목표달성을 가능하게 하는 다양한 대안들 가운데 최소의 비용으로 목표를 달성하거나 동일한 비용으로 최대의 목표를 달성할 수 있는 대안을 선택하는 행위를 의미한다고 할 수 있다. 합리성rationality[2]이라는 개념이 다양한 의미로 사용되고 있는데,

---

2 합리성은 대개, 결정할 때 따라야 할 행동의 지침, 어떤 가치 또는 목표의 극대화, 상충된 목표들 또는 가치들 간의 조화 등의 3가지 의미로 사용된다. 합리성의 대표적 유형으로는, Diesing(1962)이 제시한 유형인 수단의 효과성을 의미하는 기술적 합리성(technical rationality)과 능률성을 의미하는 경제적 합리성(economic rationality), 그리고 Simon(1964)이 제시한 유형인 목표달성을 위한 최적 수단의 선

일반적으로는 도구적 가치instrumental value로서 능률성이나 효율성 또는 경제성과 동일한 의미로 사용되고 있다.

합리성은 정책과정을 통해 추구해야 하는 여러 가치들 가운데 하나이며, 따라서 정책결정의 기준이기도 하다. 정책결정에 대한 다양한 모형들을 합리성을 기준으로 먼저 합리모형과 점증모형으로 구분하고, 이 두 모형에 대한 한계를 보완하는 기타 모형들로 구분할 수 있다. 객관주의 관점인 합리모형은 진실truth은 하나라는 입장에서 최선의 방법one best way을 추구하는 반면, 상대주의 관점의 점증모형은 진실이 다양할 수도 있다는 입장에서 인간 인지능력의 한계 때문에 합리성은 점증적으로 추구되어야 한다는 입장이다(류지성, 2019). 합리모형은 비현실적이고 점증모형은 불완전하다는 비판적 시각에서, 합리모형의 합리적 기준을 완화시키고 점증모형의 불완전성을 극복하기 위해 제시된 모형으로 만족모형, 회사모형, 쓰레기통모형, Allison모형 등을 들 수 있다.

1) 합리모형

합리모형rational model은 인간을 이성과 합리성에 따라 결정하고 행동하는 전지전능한 존재로 가정하고 있다. 따라서 정책결정자는 문제나 목표를 완전히 파악하고 모든 대안을 포괄적으로 탐색 및 평가하여 최선의 대안을 선택하는 것으로 간주한다. 합리모형에 따르면, 정책

택 정도, 즉 선택의 결과에 초점을 맞춘 실질적 합리성(substantive rationality)과 대안을 선택하기 위해 사용된 절차의 적합성에 초점을 맞춘 절차적 합리성(procedural rationality) 등이 있다.

결정자가 정책을 결정하기 위해서 해결해야 할 문제나 달성하고자 하는 목표를 명확히 하고 문제를 해결할 수 있거나 목표달성이 가능한 모든 대안들을 광범하게 탐색하며, 각 대안들이 실제로 추진되었을 때 나타날 결과들을 예측하고 각각의 예측결과들을 평가한 후, 각 대안들 중에서 가장 최선의 대안을 선택하는 단계를 거친다는 것이다. 이러한 합리모형은 실제 정책현실에 적용될 수 있는 모형이 아니라 합리적인 정책결정을 위해 정책결정자가 따라야 하는 논리나 절차를 제시하는 이상적이고 규범적인 모형인 것이다. 합리모형은 최선의 대안이 선택될 수 있는 가능성 여부에 상관없이 합리적인 대안 선택이 이루어지도록 노력하는 데 중점을 두고 있다는 점에서 가능한 범위 내에서 최선의 정책결정이 이루어지는 데 기여할 수 있다.

　이러한 유용성에도 불구하고, 합리모형을 실제 정책결정에 적용하기 위해서는 먼저 전체적인 사회가치에 대한 가중치가 정해져야 하고 대안의 결과를 정확히 예측할 수 있으며 비용과 편익 혹은 비용과 효과 등을 정확하게 파악할 수 있는 능력을 지닌 정책결정 주체가 존재해야 한다. 그러나 현실적으로 인간은 전지전능한 존재는 아니며 항상 부분적인 지식과 제한된 능력을 가지고 있을 뿐이다. 또한 특정 가치와 그 가치에 대한 가중치는 유동적이며 대개 사회 내에 합의된 가치와 목표는 존재하지 않을 뿐만 아니라 필요한 정보의 수집 및 분석이 실제로는 용이하지 못한 것은 물론 정책주체가 지닌 능력의 한계로 정책대안의 결과에 대한 예측이나 평가가 완전하게 이루어지는 것은 사실상 불가능하다고 하겠다.

2) 만족모형

인간은 제한된 합리성bounded rationality3에 의해 의사결정을 할 수 밖에 없다는 전제 하에서 정책결정과정을 설명하는 만족모형Satisficing4 Model은 합리모형을 대체하려는 시도가 아니라 합리모형의 연장선에 있는 정책결정모형인데, Simon, March, Cyert 등5이 대표적이다. 현실에서 정책결정자는 인간으로서 인지능력, 시간, 경비 등의 제약으로 모든 가능한 대안을 포괄적으로 탐색할 수가 없을 뿐 아니라 복잡하고 동태적인 상황에 대한 충분한 정보수집이 쉽지 않은 불확실성 속에서 대안을 탐색, 예측, 평가, 선택해야 한다. 이러한 이유로 정책결정 주체는 포괄적으로 대안을 탐색하지 않고 어느 정도 만족할 만한 수준에서 대안을 선택한다는 것이다. 만족모형은 의사결정에서 극대화의 기준 대신에 만족화의 기준을 적용하는 것을 제한된 합리성의 원리를 구체화하는 필수적인 방법으로 보고 있다.

이러한 만족모형은 의사결정을 규범적 차원보다 실질적인 행태적 차원에서 다루고 있다. 따라서 인간의 인지능력이라는 가장 기본적인 요소에서부터 실제로 이루어지는 의사결정 현상에 이르기까지 정확하게 설명할 수 있는 실증적 연구를 가능하게 한다. 또한 새로운 대안을 탐색하는 데 소요되는 비용에 비해 새로운 대안으로 추가되는 효과가

---

3 추구하는 가치나 목표를 최대화시킬 수 있는 최선의 대안(the best alternative)보다는 만족할 만한(satisfactory) 수준의 대안을 탐색하는 것을 의미한다.

4 'satisficing'은 satisfying과 sufficing의 합성어로, '충분히 만족할 만한'의 의미라 하겠다.

5 예를 들자면, March & Simon, 1958; Cyert & March, 1963; March, 1994 등이다.

더 커야만 비로소 추가적인 탐색이 바람직하다는 점에서 의사결정과정에서 발생하는 비용 측면을 고려하고 있다. 그럼에도 불구하고, 만족할 만한 수준에서 탐색을 중단하게 되면 검토되지 않은 훨씬 더 중요한 대안을 포기하는 경우가 발생할 수도 있다. 한편 만족할 만한 수준은 기대수준에 따라 좌우되는데, 기대수준 자체가 매우 주관적이고 가변적이어서 만족여부를 객관적으로 또는 확정적으로 판단하기 어려운 경우도 많다. 또한 일반적으로 대부분의 의사결정에서는 만족할 만한 대안이 있으면 대안탐색이 중단되지만, 중대한 의사결정의 경우에는 비록 추가비용에 비해 추가효과가 더 클 수도 있다는 기대감으로 보다 분석적인 탐색이 추가적으로 이루어지기도 한다.

3) 점증모형

점증모형incremental model 역시 합리모형의 비현실성을 지적하고, 인간능력의 한계나 시간, 비용 등의 제약 때문에 제한된 합리성 하에서 이루어지는 정책결정을 점증적 시각에서 접근하고 있다. 정책현실에서 정책결정은 기존의 정책이나 결정에 대해 부분적이고 점진적인 수정이나 개선이 연속적으로 이루어지는 것이 바람직하다는 모형으로, Lindblom, Braybrooke 등이 대표적이다.[6] 정책결정자의 능력의 한계, 시간의 부족, 정보의 제약, 그리고 대안의 비교를 위한 가치기준 또한 불확실한 실제 현실에서 기존의 정책에 대해 환류되는 정보를 활용하여 보완 또는 개선하는 약간의 변화내용을 대안으로 고려하여 정책결

---

6 예를 들자면, Lindblom, 1959; 1968; Braybrooke & Lindblom, 1963 등이다.

정을 반복적이고 연속적으로 진행하는 것이 가장 바람직한 정책결정방법이라고 주장한다. 따라서 점증모형은 합리모형이 지니고 있는 가치에 대한 비현실적인 집착을 포기함으로써 서로 다른 이해나 가치를 지닌 당사자 간의 상호조정,7 즉 합의를 용이하게 해 준다.

합리모형은 근본적이고 포괄적 의사결정방법인 반면 점증모형은 지엽적이고 제한적인 결정방법이다. 점증모형이 합리모형의 비현실성을 비판한다는 점에서 만족모형과 유사하지만, 만족모형이 인간의 인지능력의 제약에 초점을 두고 개인적 의사결정 행태에 관한 이론적 기초를 제공하는 데 비해서, 점증모형은 정치적 결정과 관련된 가치판단과 사실판단의 문제, 정책결정상황의 복잡성, 정책결정의 정치적 의의와 제약 등에 초점을 두고 있다. 결국, 점증모형은 민주정치의 다원주의 입장에서 경제적 합리성보다는 정치적 합리성을 보다 중요시한다.

점증모형에 기초한 정책결정은 기존의 정책을 기준으로 부분적인 변화만을 추구하기 때문에 결정과 관련하여 치명적인 오류의 위험성으로부터 자유로울 수 있다. 또한 보다 합리적인 정책결정방법을 탐색하지 않는 구실을 주게 됨으로써 단기적인 정책에만 관심을 갖게 되고 장기적이고 혁신적인 정책결정을 등한시 하게 된다. 그러나 급격한 사회변화가 일상화되는 오늘날과 같은 현실에서는 비정형적이고 혁신적인 정책결정이 불가피하게 요구된다는 점과, 기존의 정책을 기준으로 보고 있으므로 기존정책이 없는 경우 점증적 결정은 방향 없는 행위가 될 수 있다는 점이 약점으로 지적된다. 한편 점증모형은 하나의 정책

---

7 Lindblom은 다양한 집단들의 복잡한 이해관계 속에서 의사결정에 도달하는 것을 '진흙탕을 헤쳐 나가기(muddling through)'로 표현하고 있다.

을 둘러싸고 전개되는 정치적 또는 권력적 작용과 다양한 이해관계자
들 간의 경쟁과 대립 등 정책결정과정의 정치적 성격을 적절히 설명하
고 있다. 그럼에도 불구하고 사회가치의 근본적인 재분배를 필요로 하
는 정책보다 항상 정치적으로 실현가능한 임기응변적 정책을 모색하게
됨으로써 권력이나 영향력이 강한 개인 및 집단에게는 유리하나 사회
적 약자에게는 불리한 정책을 산출할 가능성이 높다.

4) 회사모형

회사모형firm model은 연합모형coalition model으로도 불리며 Cyert
& March(1963)가 주장한 이론모형이다. 회사의 행태를 경제학의 합리
성에 기초한 시장중심적 시각에서 벗어나, 갈등의 준해결, 불확실성의
회피, 문제중심의 탐색, 조직의 학습, 표준운영절차 등의 여러 측면에
서 파악하는 모형이다. 일반적으로 회사는 경제적 합리성을 바탕으로
완전한 정보를 가지고 이윤의 극대화를 추구하기 위하여 의사결정이
이루어지는 유기체 조직으로 간주되지만, 실제로는 회사가 이윤극대화
라는 단일의 목표를 추구하는 유기체 조직이 아니라 여러 목표를 동시
에 추구하는 다양한 하위조직들로 복잡하게 구성된 연합체coalition 조
직이라는 것이다.

이처럼 회사는 서로 다른 목표를 가진 하위조직들로 구성된 연합
체이기 때문에 모든 구성원들이 일사불란하게 손발처럼 움직여 주지
않을 뿐 아니라 실제의 의사결정과정에서는 갈등과 충돌이 불가피하다
는 것이다. 또한 의사결정은 협상과 타협을 통해 여러 상이한 목표들
을 부분적으로 해결하는 수준, 즉 갈등의 준해결quasi-resolution of con-

flict의 수준에서 그칠 수밖에 없다고 본다. 갈등의 준해결 상태는 회사의 문제를 총체적으로 해결하기보다는 한 번에 한 개씩 순차적으로 해결할 수 있는 것부터 시작해서 어느 정도 이루어지면 다른 문제로 넘어가는 방식으로 잠재된 갈등을 해소하게 된다. 대부분의 경우 회사들은 불확실성에 대응하기보다는 회피하려 하는데, 장기적인 전략을 모색하기보다는 가장 시급한 문제부터 먼저 해결하여 단기일 내에 성취시킬 수 있는 전략을 환류시킴으로써 불확실성을 회피한다. 또한 환경과의 타협, 즉 불확실성을 흡수할 수 있는 계약을 체결하거나 학습된 행동규칙과 표준운영절차SOP8에 따라 결정하고 행동함으로써 불확실성을 회피한다. 조직은 문제를 항상 탐색하는 것이 아니라, 문제가 발생한 경우에만 비로소 문제중심의 탐색을 시작하고 대안의 탐색은 그 문제를 해결할 수 있는 것에 한정하여 이루어진다.

　조직이 서로 다른 하위목표를 지닌 여러 하위집단으로 구성되어 하위조직 사이의 상이한 목표로 인한 갈등이 타협을 통해 해결될 수 있다는 점, 조직은 행동규칙이나 표준운영절차 등의 학습을 통해 어느 정도의 만족스러운 의사결정이 가능하며 불확실한 장기적 전망보다는 단기적 환류에 의존하는 의사결정 방식을 채택한다는 점, 그리고 문제파악과 대안탐색을 관련된 소관업무에 한정시킨다는 점 등은 조직 현실의 의사결정에 대한 설명력이 높은 것으로 평가된다. 정책현실은 일반회사보다 다양한 변수들이 복잡하게 상호작용하는 것은 물론이지만,

---

8 표준운영절차(SOP, standard operating procedures)는 효율적인 업무관리를 목적으로 조직이 과거의 경험과 학습을 바탕으로 업무를 수행하고 추진하는 데 필요한 표준화된 절차 또는 규칙이다(이종수, 2009).

소규모의 쟁점에 대한 공공부문의 의사결정에서는 그 유용성이 인정된다고 하겠다. 그러나 조직 내의 비합리적인 의사결정의 경우 그리고 조직 내의 상하관계에서 권력적 측면이 의사결정에 영향을 미치는 경우 등에 대한 설명력은 부족한 것으로 지적된다.

5) 쓰레기통모형

쓰레기통모형garbage can model은 조직의 의사결정 상황을 조직화된 혼란상태organized anarchies로 간주하며, 따라서 의사결정은 불명확하고 불확실하며 복잡하고 혼란한 상황 속에서 이루어지는 것으로 파악한다(Cohen, March, & Olsen, 1972). 합리모형이 전제하는 것처럼 의사결정이 모든 대안을 비교 평가하여 최선의 대안을 선택할 수 있거나 일반화된 절차에 따라 계획된 대로 이루어지는 것이 아니라, 마치 쓰레기통에 던져진 쓰레기들이 뒤죽박죽으로 엉켜 있는 것과 같이 극도로 무질서하고 불합리하게 이루어진다는 것이다. 쓰레기통모형은 합리성을 극도로 제약하는 3가지 전제조건과 의사결정에 필요한 4가지 요소가 우연히 결합되어 의사결정이 이루어지는 것으로 설명한다.

3가지 전제조건으로는 문제성 있는 선호, 불명확한 기술, 일시적 참여자 등인데, 문제성 있는 선호problematic preference는 의사결정에 참여하는 자들이 서로 상이한 선호를 가지며, 때로는 참여자들이 자신의 선호에 근거해서 의사결정을 하는 것이 아니라 의사결정을 통해서 선호를 알게 된다는 현실적 문제점을 의미한다. 즉, 기존의 의사결정 모형들이 조직 내에서 결정자가 자신의 선호를 알고 정책결정에 참여하는 것으로 가정하고 있지만, 실제로는 자신이 무엇을 선호하는지도

제대로 알지 못한다는 것이다. 불명확한 기술unclear technology은 조직
이 의사결정을 통해서 달성하려는 목표와 대안 사이에 존재하는 인과
관계, 즉 기술9을 완전히 파악하지 못하기 때문에 무엇이 최선의 대안
인지를 모른다는 의미이다. 목표와 대안 사이에 존재하는 인과관계가
명확하지 않아 의사결정에 참여하는 결정자가 최선의 대안을 잘 모르
고 있는 경우가 많다는 것이다. 그리고 일시적 참여fluid participation는
조직구성원이라도 문제의 성질에 따라 의사결정에 참여하기도 하고 않
기도 하며, 동일한 문제의 의사결정에 참여하더라도 때에 따라 참여하
기도 하고 않기도 할 수 있음을 의미한다.

　한편 4가지 요소는 해결해야 할 문제, 문제의 해결방법, 의사결정
의 참여자, 의사결정의 기회10 등을 말한다. 일반적으로 이들 4가지 요
소가 모두 갖추어져야 의사결정이 이루어지는 것으로 가정하지만, 이
모형에 따르면 이들 요소가 일정한 규칙에 따라 갖추어지는 것이 아니
라 쓰레기통처럼 뒤죽박죽된 상황에서 의사결정이 이루어진다는 것이
다. 여기서 쓰레기통은 어떤 의사결정을 내리는 계기11로서 독자적인
흐름stream을 유지하던 4가지 요소들이 우연히 함께 모여서 서로 뒤섞
이게 되는 상태를 의미한다. 요약하자면, 조직 내의 의사결정은 문제의
흐름, 해결방법의 흐름, 의사결정자의 흐름, 기회의 흐름이 서로 교차
하는 접점, 즉 쓰레기통과 같은 혼란 상태에서 이루어진다는 것이다.

---

9 목표와 대안 사이의 인과관계를 여기에서 기술(technology)이라 부른다.
10 회의나 위원회와 같은 의사결정이 가능한 기회를 의미한다.
11 이를 점화계기(triggering event)라 하는데, 예를 들자면 문제를 부각시키는 극적 사
　건이나 국가적 분위기 또는 정치이념의 변화를 야기한 정치적 사건 등이다.

쓰레기통모형의 대표적인 의사결정 방식으로는 의사결정을 촉발시키는 점화계기가 발생하는 경우이다. 그 외에도 관련 문제가 스스로 다른 의사결정의 기회를 찾아서 떠나도록 기다리는 진빼기 결정choice by flight이나 다른 문제들이 제기되기 전에 재빠르게 의사결정을 진행하는 날치기 통과choice by oversight 등과 같은 경우이다.

이와 같이 쓰레기통모형은 의사결정에 관한 다른 모형들이 갖고 있는 비현실적인 가정들을 보완함으로써, 급변하는 사회 환경 속에 존재하는 유동적인 조직들이나 입법부, 행정부, 사법부, 이익집단, 그리고 관련된 개인들이 뒤죽박죽 얽히고설킨 의사결정체제를 설명하는 데 유용한 정책결정모형이라 할 수 있다. 그러나 조직화된 혼돈상태나 쓰레기통 속의 의사결정방식이 모든 조직에서 언제나 동일하게 발견되는 것은 아니며, 일부의 조직에서 또는 일시적인 의사결정행태를 설명한 것에 지나지 않는다는 비판이 있다.

6) Allison모형

Allison모형은 Allison(1971)이 제시한 집단적 의사결정 모형으로서, 1960년대 초 쿠바가 자국 내에 소련의 미사일기지를 건설하려고 했을 때 미사일을 운반하지 못하도록 미국이 해상봉쇄라는 대안을 선택한 과정을 면밀히 검토한 후 정부의 정책결정과정을 설명하는 3가지 모형, 즉 합리적 행위자모형, 조직과정모형, 관료정치모형을 제시하였다. Allison은 정책결정에 관한 기존의 이론모형들을 크게 두 가지로 분류하여 합리적 행위자모형과 조직과정모형으로 정리하고, 비교적 소홀하게 다루어왔던 정책결정의 정치적 요소들을 부각시켜 관료정치모형이라는 하나의 새로운 모형을 추가하였다. 3가지 모형은 정부에 대한 가정과 다른 요소들이 결합되어 서로 다른 특성을 지닌다. 이들을 구분하는 중요한 기준은 정책결정에 참여하는 집단의 응집력인데, 합리적 행위자모형에서는 정부를 잘 조정된 유기체로, 조직과정모형에서는 반독립적인 하위조직들이 느슨하게 연결된 집합체로, 관료정치모형에서는 서로 독립적인 정치적 참여자의 집합체로 각각 파악한다.

첫째, 합리적 행위자모형rational actor model 또는 모형1은 정책결정의 주체를 단일체인 정부로 보고 정부를 합리적인 의사결정행위자로 간주한다. 이때 정부조직은 유기체와 같이 완벽히 통제되고 조정되며, 모든 권한은 조직의 상층부인 유기체의 두뇌에 있는 것으로 가정한다. 정부는 합리적 기준, 일관된 선호, 일관된 목표 및 평가기준을 지니며, 정책결정에 참여한 사람들은 모두 개인적 이해관계를 떠나 오로지 국가의 이익을 위해 합리적으로 사고하고 행동한다는 것이다. 그러므로 정책결정행위는 국가목적이나 전략적 목표를 극대화시키는 합리적 대안을 선택하기 때문에 전체적으로 상호모순되거나 충돌하는 정책들이 없고 장기적으로 정책의 일관성이 유지된다. 이러한 정책결정이 현실적으로 존재하기가 어렵지만, 국가의 존립과 관련된 국방이나 외교 정책의 결정과정을 설명하는 데 설득력이 있다.

둘째, 조직과정모형organizational process model 또는 모형2는 정부를 느슨하게 연결된 하위조직들의 집합체로 보고, 정책은 이들 하위조직들의 표준운영절차SOP에 의해 작성된 정책대안을 최고위층이 거의 수정하지 않고 정책으로 채택한다고 가정한다. 따라서 정책을 조직과정의 산물로 간주하고 정부의 하위조직들은 상급자에 완전히 종속되지 않고 전문적 권위를 지닌 준독립적인 정책결정자로 본다. 서로 다른 목표를 가진 하위조직들이 참여하여 정책을 결정하는 경우 조직간 상호 갈등은 불가피하다. 이때 대부분 관할권을 존중하여 주관하는 하위조직의 주장대로 정책이 결정되지만 내용이 중요하고 이해관계가 현저할 때에는 상호 타협을 통해서 해결한다. 그러나 이러한 타협은 완전한 해결이 아니기 때문에 미해결 상태에서 정책이 결정될 수도 있다. 또한 하위조직들의 의사결정이 일반적으로 불확실성을 회피하려 하며, 학습과 경험, 관행 등을 통하여 습득 또는 형성된 표준운영절차 및 프로그램 목록program repertory에 의해 결정된다는 점에서 극단적으로 표현하자면 정부의 모든 정책결정이 하위조직의 관례화routinized된 절차에 따라 이루어진다고 할 수 있다.

　셋째, 관료정치모형governmental politics model 또는 모형 3은 정책결정의 주체를 정부나 하위조직이 아닌 결정과정에 참여하는 정치적 참여자들 개인으로 간주하고 정책을 정치적 게임의 결과로 파악한다. 따라서 정책은 문제에 대한 최선의 해결책으로 선택된 것이 아니라 정책결정에 참여한 정부관료들 간에 이루어지는 협상, 타협, 연합형성, 권력적 지배 등의 결과 즉, 정치적 게임의 산물이라는 것이다. 이 경우 참여자는 정부조직 내에서 특정한 정책의 결정과 관련된 공식적인 직위를 맡고 있는 관료들이며 개인은 이러한 직위를 차지함으로써 정책결정의 참여자가 될 수 있다. 또한 어떤 참여자가 정치적 게임의 결과인 정책에 큰 영향을 미칠 수 있는 유리한 위치를 차지할 수 있느냐는 각자의 개인적 특징이나 각자가 맡고 있는 직위의 내용과 비중 등에 따라 달라진다. 또한 정책결정에 참여하는 참여자의 입장은 자기가 속한 조직 내의 목표, 문제인식이나 조직의 관행, 그리고 참여자 개인의 이해관계 및 역할인지에 따라 달라진다. 그리고 정책결정 참여자들은 모두 결정에 대한 자유재량을 가지고 있으므로 보다 권력이 강한 참여자가 자기에게 보다 유리한 쪽으로 정책결정에 영향을 미치게 된다. 따라서 이 모형에 의한 정책결정의 설명이나 예측은 참여자와 그들의 지위, 이해관계, 영향력, 게임규칙, 행동경로action channels, 그리고 게임의 진행과정을 확인함으로써 가능하게 된다.

Allison의 3가지 모형은 기존의 정책결정에 관한 이론모형들을 종합하여 정리한 것이다. 그럼에도 불구하고 기존에 정책결정모형에서 비교적 소홀히 취급되었던 관료정치모형을 새로이 구성하였다는 점은 높이 평가된다. 하나의 정책사례가 3가지 모형을 모두 적용해야 설명될 수 있다는 점에서 의사결정을 위한 고도의 합리적 기법이 개발된다 하더라도 의사결정의 정치적 성격을 완전히 배제할 수 없음을 보여준다. 그러나 우리나라와 같이 정책결정권한이 중앙, 특히 대통령에 집중되어 있는 경우에는 이 모형의 적용에 한계가 있다(백승기, 2016).

10　정책집행

1. 정책집행의 의의

　정책집행policy implementation은 정책이 의도하는 목표를 달성하기 위하여 정책수단을 실현시키는 과정을 의미한다. 사회과학의 수많은 개념들과 마찬가지로 정책집행에 대한 개념 또한 학자들에 따라 각기 상이한 정의를 내리고 있다. 이러한 개념들을 종합하면, 정책집행은 주어진 임무를 기계적으로 수행하는 순차적인 과정이 아니라 복합적이고 순환적인 과정이며, 정책 결정자와 집행자, 정책집행의 주체와 대상, 환경과 조직, 그리고 정책집행수단들이 복잡하게 상호작용하는 동태적인 과정으로 파악된다. 보다 구체적으로 살펴보자면, 정책집행은 정책목표의 달성을 위하여 환경의 조작이나 조직구조의 변화 또는 수단으로서의 인적·물적 자원의 동원과 배분을 가능하게 하는 상호 적응과정이다. 뿐만 아니라 정책집행은 정책목표의 달성을 위해 때로는 정책집행자가 정책결정과정에도 참여해야 하며, 집행되는 정책의 평가과정까지도 고려해야 하는 순환적 과정이다. 그리고 정책집행은 정책과정의 초기단계부터 각종의 요구를 투입한 다양한 이익집단들은 물론 의제설정과정이나 정책결정과정에서 자신들의 요구를 충분히 반영시키지 못한 이해관계자들, 그리고 정책집행으로 인해 피해를 받게 되는 개인 또는 집단들이 자신들의 입장을 표출하게 되는 정치적 과정이다.

아무리 합리적이고 바람직한 정책이라 하더라도 제대로 집행되지 않는다면 그 정책의 진가가 나타날 수 없으며, 아무리 집행하려고 해도 집행가능한 상황이 조성되지 않는다면 정책을 성공적으로 집행할 수 없다. 그렇다고 정책을 기계적으로 집행만 한다고 해서 기대하는 성과를 거둘 수 있는 것은 더욱 아니다. 이러한 점에서 볼 때, 문제에 직면하여 고통을 받는 집단이나 사회를 위해 합리적인 정책을 결정하는 것도 중요하지만, 결정된 정책을 결정자의 의도대로 그 내용을 구체화하여 실천에 옮기는 정책집행 또한 중요한 과정이라고 하겠다. 특히 정책집행과정에서는 정책결정자의 의도대로 집행을 하더라도 기대한 효과를 달성하지 못하는 경우가 있는가 하면, 집행과정에서 집행당사자들이 정책을 수정 또는 변화시켜서 집행하더라도 바람직한 결과를 얻게 되는 경우도 있다.

한편, 정책결정이 어느 정도의 미래예측과 정책지속을 전제로 이루어지는 것이지만 오늘날과 같이 사회변동이 급격한 현실에서는 미래예측이 대단히 어려울 수밖에 없다. 이처럼 불완전한 미래예측을 기초로 해서 결정된 정책이 상당한 시간이 소요되는 실제 집행과정에서 그 타당성을 유지할 가능성은 희박하다고 할 것이다(허범, 1981). 이처럼 미래상황의 가변성과 집행과정에 참여하는 참여자들의 다양성으로 인하여 결정과정에서 선택된 집행방향과 행동경로 등이 집행과정에서 수

정 또는 변화될 뿐 아니라 심지어 목표마저도 변경되어 결정자들의 의
도와는 전혀 다른 결과가 야기되기도 한다. 결국 정책집행과정은 정책
의제설정과정이나 정책결정과정 못지않게 복잡하고 동태적인 과정으
로, 정책이 현실과 만나는 점이며 이론과 사유가 실제 현실과 접합되
는 장이다. 따라서 이론이 현실을 인도하거나 현실이 이론에 제동을
가하게 되는 갈등의 장이기도 하다(최봉기, 1987).

2. 정책집행연구

고전적 행정이론에서는 정책의 결정은 정치에서 이루어지고, 행
정은 정책의 구체적 집행만을 담당하는 것으로 파악하였다. 고전적 시
각은 일단 정책이 결정되면 정책은 기계적으로 집행되며 정책의 집행
결과 역시 정책결정자들이 의도한 바와 대동소이할 것으로 인식하였
다. 따라서 정책결정자가 정책을 집행할 담당자를 일정한 기준에 따라
선정하고 정책집행자에게 정책집행에 대한 지시를 하며, 정책집행자는
결정자의 지시 및 지침에 따라 그 내용을 구체적으로 실천에 옮기는
것으로 파악하였다. 정책집행은 정책결정과 구분되는 정책결정의 후속
단계이며, 정책결정자와 정책집행자는 각각 목표의 설정자와 실천자라
는 점에서 구분이 가능할 뿐 아니라 집행자는 정책을 실행에 옮기는
기술적 능력과 결정자에 대한 복종의 의지도 지니는 것으로 간주되었
다. 그리고 집행과정에서 이루어지는 결정은 비정치적이고 기술적인
것이며, 따라서 정책을 중립적, 객관적, 과학적, 합리적으로 집행하는
것이 집행자의 책무로 인식되었다. 이처럼 고전적 시각에서는 정책집

행을 기술적인 단순한 절차로 파악함에 따라 정책집행의 문제는 정책
연구의 주요 관심대상이 되지 못하였다.

행정수요의 급증과 함께 행정기능이 확대 및 강화되고 정치행정
일원론이 지배적인 상황에서 행정은 본연의 정책집행뿐만 아니라 사실
상의 정책결정까지도 담당하게 되었다. 그럼에도 불구하고 정책결정에
관한 연구에 비해 정책집행에 관한 본격적인 연구는 뒤늦게 시작되었
다. 그에 대한 몇 가지 이유로는, 먼저 정책이란 일단 결정만 되면 집
행되기 마련이고, 집행되면 그 결과가 정책결정자의 기대에 어느 정도
는 부합될 것이라는 단순한 믿음과 집행 자체에는 큰 어려움이나 문제
가 없을 것이라는 안이한 태도를 주요 원인으로 꼽을 수 있다. 더욱이
현실적으로, 1960년대 계획예산제도PPBS[1]의 시작으로 정책분석가들이
정책결정 자체에 초점을 두게 됨으로써 정책집행에 대한 관심을 약화
시킨 것 또한 원인으로 볼 수 있다. 뿐만 아니라 학술적으로는, 집행계
획의 작성, 집행기관의 구성, 자원의 동원과 배분, 집행자와 대상집단
간의 이해관계 등과 관련한 수많은 변수들을 종합적으로 고려해야 하
는 것은 물론 연구에 요구되는 정확한 정보와 자료를 확보하는 데 있
어서의 현실적 어려움 외에도 엄청난 자원과 시간이 소요된다는 것 역
시 원인이라 할 수 있다.

이와 같이 행정우위현상과 정치행정일원론이 대두되고 행정의 정

---

1 PPBS는 planning programming budgeting system의 약어인데, 정부의 장기적인 계
  획 수립(planning)과 단기적인 예산편성(budgeting)을 사업계획 작성(programming)
  을 통하여 유기적으로 결합시킴으로써 자원배분에 관한 의사결정을 일관성 있게 그
  리고 합리적으로 하려는 제도를 말한다(이종수, 2009).

책결정기능이 증대되면서, 정책집행에 대한 인식 또한 변화되기 시작
하였다. 수많은 제약들로 인해 완전히 합리적인 정책을 결정하는 것은
거의 불가능에 가깝고 정책의 결정과 집행 사이에 명확한 구분도 쉽지
않으며, 정책이 결정되었다고 해서 언제나 기계적으로 집행되는 것은
더욱 아니라는 것이다. 또한 정책결정 자체가 정책집행을 의미하는 것
도 있지만,[2] 대부분의 정책은 집행에 있어서 기준, 절차, 자원동원, 조
직화 등과 관련하여 여러 가지 사전준비가 필요하다는 것이다. 이러한
인식의 변화와 더불어 1970년대 미국을 중심으로 정책집행에 관한 연
구가 집중적으로 이루어지기 시작하여 1980년대에는 유럽의 국가들에
서도 활발하게 진행되었다(Sabatier & Mazmanian, 1983). 정책집행에 관
한 연구는 다양하게 전개되었는데 주요 경향들을 살펴보면, 먼저 각종
정치적 요인에 대한 설명이 주요 내용인 정치과정적 접근, 집행에 대
한 평가를 주요 내용으로 하는 정책분석적 접근, 실제의 프로그램에
대한 연구에 초점을 두는 사례분석적 접근 등으로 분류(Hargrove, 1977)
되거나, 정책집행연구의 중요성을 제기하기 위한 서열적 연구, 정책집
행의 본질에 대한 이해를 도모하기 위한 속성중심적 연구, 정책집행에
대한 총체적 분석의 틀을 제공하기 위한 이론형성적 연구 등으로 분류
(안해균, 1997)될 수 있다.

---

2 중화인민공화국 정부를 공식적으로 인정한다는 닉슨 행정부의 결정, '단풍나무 잎'기
를 공식적 국기로 바꾼다는 캐나다의회의 결정 등이 그 예이다(이동수·최봉기,
2015).

3. 정책집행과 정책결정의 관계

정책과정의 한 단계인 정책집행은 정책결정과 상호작용을 할 뿐만 아니라 오늘날 행정부가 정책집행은 물론 실질적인 정책결정까지 담당하고 있기 때문에 정책결정과 정책집행의 구분이 간단하지가 않다. 정책결정에서 내용을 완전하게 구체화할 수 없는 경우는 물론 정책이 모호하거나 불합리한 또는 대립된 내용을 포함하는 경우에, 정책집행활동이 그 정책내용을 구체화하거나 수정 또는 실질적으로 확정한다는 점에서 정책결정과 마찬가지의 기능을 수행하게 된다. 이처럼 정책집행과 정책결정 모두 의사결정이라는 행위를 하고 있지만, 정책결정에서의 기본적 결정이 정책 전반에 영향을 미치는 전체적이고 포괄적인 반면 정책집행에서의 내용에 대한 실질적 결정은 지엽적이고 세부적이라는 점에서 차이가 있으며, 특히 정책집행은 내용의 실천을 위한 행동 또는 활동이 핵심적인 부분이다. 한편, 정책집행활동이 단순히 기술적이고 기계적이 아니라 이해관계자들 사이에서 타협이나 절충을 통해 이루어진다는 점에서 정책결정과 마찬가지로 정치적 성격을 지닌다. 그러나 정책결정과 정책집행이 이처럼 정치적 성격을 지닌다 하더라도, 정책결정은 정책집행에 비해 보다 정치적인 반면 정책집행은 정책결정에 비해 보다 기술적이고 기계적이라는 점에서 차이가 있다.

정책집행과 정책결정의 행위자, 즉 정책집행자와 정책결정자의 구분은 개별적인 사례에 따라 달라진다. 이처럼 집행자와 결정자의 구분이 상대적인 것은 그에 대한 객관적인 기준이 없기 때문이다. 다시 말하자면, 국회가 결정자인 경우 행정부가 집행자이고, 대통령이 결정자인 경우 각 행정부처가 집행자이며, 장관이 결정자인 경우는 각 실·국 또는 해당 부처 소속의 지방특별행정기관이 집행자의 지위에 있게 되기 때문이다. 정책집행자로는 다양한 기관이나 조직들이 해당되는데, 정책집행의 공식적인 책임이 중앙정부에 있더라도 실제의 집행이 지방 자치단체나 민간부문에서 이루어지는 경우가 있다. 지방자치단체가 위 임받는 경우는 행정기관간 위임, 즉 지방위임에 해당하고, 민간부문이 위임받는 경우는 민간위탁에 해당된다.

정책집행자와 정책결정자의 관계를 Nakamura & Smallwood (1980)은 결정자의 역할과 집행자의 권한 등을 기준으로 5가지로 유형 화하고, 각 유형에서 발생할 수 있는 잠재적 집행실패의 원인을 설명하고 있다. 제시된 유형으로는 고전적 기술관료형, 지시적 위임형, 협상형, 재량적 실험형, 관료적 기업가형 등이며, 앞의 고전적 기술관료형에서 뒤의 관료적 기업가형으로 갈수록 정책결정자에서 정책집행자에로 더 많은 권한이 옮겨가게 된다.

1) 고전적 기술관료형

고전적 기술관료classical technocracy형은 정책결정자가 결정한 정책내용을 정책집행자가 충실하게 실천으로 옮기는 형태의 정책집행을 말한다. 이 유형의 특징은 정책결정과 정책집행이 성격 및 주체에 있어서 엄격하게 구분되며, 결정자가 집행과정에 대해 강력한 통제력을 행사하고 집행자는 기술적인 문제에 대해서만 다소간의 재량권을 가질 뿐이다. 그러나 집행과정은 결정자가 파악할 수 없는 복잡한 요소들이 관련되어 있어서 예상 밖의 문제가 야기될 수 있으며, 결정자의 강력한 통제 때문에 필요한 기술적 조절이나 적절한 조치가 어려워 목표달성이 불가능하거나 예기치 못한 새로운 문제에 직면할 수도 있다.

2) 지시적 위임형

지시적 위임instructed delegation형은 고전적 기술관료형과 마찬가지로 결정자가 통제권을 가지고 있지만 집행자에게 목표달성에 필요한 관리적 행위에 대한 권한을 위임하기 때문에 집행자는 필요한 수단을 결정할 수 있는 재량을 행사할 수 있다. 따라서 정책집행자는 결정자로부터 지시받은 목표를 달성하는 데 필요한 기술적, 행정적 능력을 보유하고 있을 뿐만 아니라 집행자들 상호간에 협력도 가능하다는 것이다. 그러나 집행자가 과업을 수행하는 데 필요한 기술적 역량이 부족한 경우 또는 결정자의 지시가 불명확하거나 집행자간에 최적의 수단에 대한 갈등이 존재하는 경우에는 집행에 차질이 발생할 수 있다.

3) 협상형

협상bargaining형은 결정자와 집행자의 관계가 앞의 두 가지 유형과 다른 관계에서 출발한다. 즉 앞의 두 유형과 달리 결정자와 집행자가 정책의 목표나 목표달성을 위한 수단에 대하여 서로 합의점을 지니는 것이 아니라는 점이다. 정책결정자가 목표를 설정하지만 결정자와 집행자가 정책의 소망성에 대해 반드시 합의를 보는 것은 아니며 정책수단에 대해서는 집행자와 결정자가 협상을 하게 된다. 이때 정책집행은 결국 협상의 결과에 따라 다르겠지만, 그 협상은 결정자와 집행자간에 어느 편의 권력이 더 우위인가에 따라 달라진다. 양자가 권력을 균형있게 지니고 있다면 협상의 결과에 따라 정책이 집행되지만, 그렇지 않은 경우에는 정책이 집행되지 않거나 결정자의 의도와 다른 형태의 집행이 이루어질 수도 있다.

4) 재량적 실험형

재량적 실험discretionary experimentation형은 결정자가 정책의 구체적인 내용을 명확하게 수립할 수 없기 때문에 추상적인 목표만을 제시하고 집행자에게 목표의 구체화와 정책수단의 개발에 대한 광범위한 재량을 위임하는 것이다. 불확실성이나 위험성이 높은 정책분야의 경우 섣불리 정책을 결정하기 보다는 그 분야에 많은 경험과 지식 및 기술을 가진 집행자에게 정책결정에 관한 권한을 광범위하게 위임하는 것이 정책의 실패를 줄이고 집행을 성공적으로 유도할 수 있다는 장점이 있다. 그러나 집행자가 전문성이나 지식이 부족한 경우 기술적 차질이 있을 수 있고 불명확한 정책으로 집행에 혼란이 발생할 수 있으며, 집행자의 사적 의도가 개입되거나 결정자와 집행자간 책임의 소개가 불분명하여 책임회피의 문제가 나타날 수도 있다.

5) 관료적 기업가형

관료적 기업가bureaucratic entrepreneurship형은 고전적 기술관료형과 정반대의 유형으로, 집행자가 정책결정자의 권한을 장악하여 결정자로 하여금 정책목표를 받아들이도록 설득 또는 협상하며 목표달성에 필요한 능력을 가지고 정책의 목표와 수단까지도 결정함으로써 정책과정 전반을 통제한다. 행정의 기능이 강화 및 전문화되고 직업공무원제가 확립된 오늘날의 행정국가에서 나타날 수 있는 경우인데, 이처럼 결정권이 집행자에게 넘어가는 원인은 집행자가 결정에 필요한 정보를 창출하고 통제하며 관료제의 정착으로 정책결정자는 물러가도 정책집행자는 남게 되는 구조적 특성 때문이다.

4. 징책집행의 영향요인

성공적 또는 효율적 정책집행에 영향을 미치는 요소, 즉 정책이 의도한 성과를 달성할 수 있도록 구체적인 집행활동을 수행하는 데 영향을 미치는 요소를 말한다. 이와 관련하여 학자들이 다양하게 제시하고 있는데, 이를테면 Pressman & Wildavsky(1973)는 중간매개집단, 실현가능한 구체적인 수단, 지속적인 집행지도 등을, Van Meter & Van Horn(1975)은 정책기준과 목표, 자원, 집행조직 간의 의사전달과 연계활동, 집행요원, 사회·경제·정치적 요소 등을, Edwards(1980)는 정책의 명확성과 일관성, 집행요원, 물적 시설, 집행권한, 집행자들의 성향, 집행조직의 구조 등을, 그리고 Nakamura & Smallwood(1980)는 정책내용의 명확성, 정책결정자들의 행동, 정책집행조직의 구조, 규범, 자원, 그리고 평가의 성격과 평가자의 영향 등이다. 이들을 크게 4가지 범주 즉, 정책 자체의 요인, 집행체제의 요인, 집행환경의 요인, 대상집단의 요인 등으로 분류하여 소개한다.

1) 정책자체 요인

먼저 정책의 성공적인 집행을 좌우하는 영향요인으로 정책의 내

용과 성격이 있다. 정책집행에서 대상집단의 규모가 클수록 또는 대상
집단에게 요구하는 행태변화의 범위와 정도가 클수록 많은 시간과 노
력이 소요되는 것은 물론 효율적인 달성에도 어려움이 따르게 된다.
정책의 일관성 또한 영향을 미치는데, 정책의 목표나 수단들 또는 정
책들 간에 상호 모순 대립되거나 우선순위가 분명하지 않아 일관성이
결여되는 경우 집행기관이 정책의도에 대해 혼란을 겪기도 한다.

다음으로 정책목표의 명확성을 들 수 있는데, 정책집행자들로 하
여금 정확하게 파악할 수 있도록 정책의 목표와 수단이 가능한 명확하
고 간결하게 기술되어야 하고, 따라서 결과에 대한 집행자의 책임을
물을 수 있어야 한다. 한편, 이론적으로 정책목표가 명확할수록 집행이
용이하다고 할 수 있으나 현실적으로는 지나치게 분명하고 구체적이면
오히려 집행과정에서 피해자의 조직적인 저항을 초래하여 성공적인 집
행이 어려울 수도 있다. 정책형성과정에서 다양한 요구와 이해관계를
수렴시키고 상충적 요소들을 포괄하기 위하여 정책목표를 추상적으로
표현하는 것은 물론 구체적인 정책수단의 문제를 집행기관에 떠넘기려
는 경향이 나타난다.

2) 집행체제 요인

정책집행을 담당하는 정부기관이나 관료조직에 나타나는 요인들
로, 집행 자원의 확보 여부와 규모, 집행기관의 특성, 집행자의 리더십
등이 이에 해당한다. 정책집행에 영향을 미치는 자원으로는 인적 자원,
물적 자원, 지식, 정보, 기술, 권한, 시간 등이 있는데, 이러한 자원을
집행에 필요한 규모로 확보하는 것이 성공적인 정책집행의 중요한 요

소이다. 그 중에서도 특히 물적 자원인 재원financial resource의 영향력
은 매우 크다고 하겠다. 이러한 재원은 대부분 결정자들에 의해 책정
되어 주어지는데, 정책의 집행을 위한 재원이 충분히 확보되지 못한
경우 성공적인 집행이 어려울 가능성이 높아지게 마련인 것이다.

정책집행을 담당하는 기관이나 조직의 구조와 분위기 및 규범 또
한 집행절차와 집행담당자의 의욕과 태도에 영향을 미친다. 정보처리가
신속한 의사전달체계, 조직간 원활한 업무협조와 조정이 가능한 분업체
계를 지닌 조직구조, 조직의 분위기 및 관료규범bureaucratic norms[3] 등
은 집행조직의 능력과 의욕 그리고 구성원의 태도에 영향을 미치고 궁
극적으로 집행활동에 결정적인 영향을 미치게 된다. 또한 집행체제 내
에 집행에 필요한 활동에 대한 표준화된 절차SOP가 있는 경우 이 절차
에 따라 활동한다면 집행의 성공 가능성이 높아지게 된다. 그러나
SOP의 존재가 사안별 사정을 고려한 신축적 집행을 저해하는 것은 물
론 특정 정책의 특성에 맞는 새로운 SOP를 개발하지 않고 기존의
SOP를 적용하는 경우 오히려 역기능을 초래할 수도 있다.

그리고 정책집행기관의 책임자가 정책목표의 달성을 위해 어떤
리더십을 발휘하느냐가 정책의 집행에 영향을 미치는 요인이 된다. 리
더십은 지배기관의 지원을 획득하고 정책에 대한 반대를 무마하며 관
련단체의 도움을 받아내는 정치적 능력과 적절한 통제방법을 고안하여
조직의 효율성을 높이고 구성원들의 사기를 진작시키며 내부의 반대자

---

3 조직의 목표나 목표달성을 위한 업무추진방법 등에 대하여 구성원들 사이에 공유되
는 묵시적인 합의는 물론 조직업무와 직접 관련이 없는 행동에 대해서도 수용 여부
를 판단하는 일종의 규범을 말한다.

들을 설득하는 관리적 능력을 말한다.

3) 집행환경 요인

집행체제나 정책대상이 지닌 요소들은 각 당사자가 지닌 인식이나 태도 또는 의지에 따라 어느 정도의 변화가 가능한 데 반해, 집행환경은 정책관련자가 단기적으로 변화 또는 조작하기 어려운 요인에 해당한다. 먼저 정책집행에 제약을 가할 수 있는 요인으로 사회경제적 여건과 기술의 변화를 들 수 있는데, 사회경제적 여건의 변화는 새로운 정책 수요를 창출할 뿐만 아니라 기존의 사회문제들에 대한 정책적 우선순위를 변화시킬 수 있다. 이러한 변화는 기존의 정책에 이미 배분된 자원의 변화를 야기함으로써 정책집행에 영향을 미칠 수 있다. 사회경제적 여건의 지역적 편차, 즉 지역별 재정의 규모와 자립도 또는 문화적 특성 등의 차이 역시 정책집행에 영향을 미치는데, 이러한 지역적 차이를 고려하지 않은 획일적 집행은 어려움에 직면할 수도 있다. 그리고 과학기술과 관련된 부문의 정책집행은 해당 기술의 보유 여부나 발달 수준에 따라서도 영향을 받게 된다.

정책결정 주체 또는 정책집행의 재정적 자원을 장악하고 있는 기관의 관심과 지지가 정책집행에 영향을 미치는데, 이러한 관심과 지지는 집행에 필요한 인적·물적 자원을 획득하거나 여러 제약조건을 극복하는 데 중요한 역할을 하며 집행담당자의 집행에 대한 의욕과 열성을 강화시켜주기 때문이다. 정책결정 주체의 정치적 지지 못지않게 중요한 요인이 일반대중과 언론매체의 관심과 지지 그리고 협조인데, 일반적으로 다른 조건이 동일하다면 해당 정책에 대한 일반대중과 언론

매체의 관심과 지지가 높고 지속적일수록 정책집행에 긍정적인 영향을
미치게 된다.

4) 대상집단의 요인

정책집행의 직접적인 대상이 되는 집단의 규모와 태도 또는 정책
을 통해 대상집단의 성격과 행태에 대해 요구되는 변화의 정도가 정책
집행의 성패를 좌우할 수 있다. 정책 대상집단의 규모, 리더십, 응집력,
전문성, 사회적 평가와 지위 등에 따라 정책집행이 영향을 받게 되는데,
이들 요소의 정도가 크거나 높은 경우 그 영향력의 정도는 높아진다.
또한 대상집단의 행태변화에 소요되는 자원의 정도, 대상집단의 평가,
사회적 분위기 등에 따라 집행이 영향을 받는데, 부담비용이 커지거나 정
책에 대해 부정적 인식을 지니는 경우 정책에 불응하거나 회피하려고
한다. 특히 대상집단들 간에 정책에 대해 찬반으로 엇갈리는 경우에는
집단 간의 갈등으로 인하여 정책집행이 어려움을 겪을 수도 있다.

5. 정책집행의 순응

정책집행에서 순응compliance은 정책결정자가 정한 정책 및 지시
사항에 대해 정책집행자가 일치된 행동을 보이는 것 또는 집행과정에
서 집행자가 요구하는 사항에 대해 환경 및 대상집단이 일치된 행동을
나타내는 것을 의미한다.4 정책집행에 있어서 순응이 중요한 이유는

---

4 순응은 외면적 행동이 일정한 행동규정(behavioral prescriptions)에 일치하는 것이
고, 수용(acceptance)은 외면적 행동의 변화만이 아니라 내면적 가치체계와 태도의

정책효과가 타나나기 위한 충분조건은 아니지만 필요조건이며(남궁근, 2008), 정책이 규정한 사항을 현장의 정책집행자들이나 정책대상자들이 무시하고 따르지 않으면 정책의 존재 의미가 없기 때문이다. 따라서 순응을 확보하기 위해서는 정책이 명확하여야 하고 지속된 사회적 관습으로부터 크게 일탈하지 말아야 하며, 무시하고 따르지 않는 불응 noncompliance에 대한 통제나 제재가 가능하여야 한다.

1) 순응의 주체와 유형

순응의 주체는 두 집단, 즉 하나는 정책집행을 담당하는 중간매개집단과 직접 정책집행을 담당하고 있는 일선관료들이고, 다른 하나는 정책대상집단이다. 성공적인 정책집행을 위해서는 이들 두 집단의 순응이 필수적이다. 중간매개집단intermediary group은 집행책임자나 기관을 대신하여 집행을 실제로 담당하는 집단으로서 지방정부와 제3섹터 the 3rd sector[5]가 대표적이다.

순응의 유형에는 강제적 순응, 타산적 순응, 규범적 순응, 상황적 순응 등이 있다(남기범, 2009). 강제적 순응은 처벌과 같은 강제성에 의존하여 불응의 편익을 감소시키고 비용을 증대시킴으로써 순응을 확보하는 것이다. 체벌, 벌금, 자격정지, 면허박탈, 직위해제 등과 같은 제

구체적 변화를 의미한다(Duncan, 1981).

5 제3섹터는 기존의 공공부문인 제1섹터(the 1st sector)와 민간부문인 제2섹터(the 2nd sector) 어디에도 속하지 않는 상호의존적인 조직의 유형으로 조직경계를 넘어서는 활동을 수행하는데, 대부분 정부의 예산으로 배분정책이나 재분재정책의 집행을 위해 재화나 서비스를 생산 및 제공한다. 그 이유는 공공부문이든 민간부문이든 일방적으로 문제를 해결할 수 있는 지식과 능력을 가지고 있지 못하기 때문이다.

재가 순응의 확보전략으로 사용된다. 타산적 순응은 불응에 비해 순응이 더 이익이 된다고 믿는 경우의 순응으로, 이익의 제공이라는 유인 inducement이 순응의 확보전략이다. 그리고 규범적 순응은 정책의 정당성이나 타당성에 대한 존중 또는 의무감 때문에 순응하는 것이고, 상황적 순응은 사회적 존재로서 다른 행위자들인 집단이나 사회의 평가 또는 압력에 의해 순응하는 것이다.

2) 순응의 영향요인

순응에 영향을 미치는 요인들은 정책집행에 영향을 미치는 요인들과 상당 부분 중복되는데 그 이유는 정책집행에서 순응의 확보 여부가 성공적인 정책집행의 핵심 조건이기 때문이다. 따라서 순응에 영향을 미치는 요인으로는 크게 정책의 내용, 담당기관, 순응주체가 대표적이다.

먼저 정책의 내용과 관련된 요인으로 정책이 소망성과 명료성 및 일관성을 확보한 경우에는 순응이 용이하다. 다시 말하자면, 정책의 목표와 수단이 바람직스럽고 외형적으로 순응주체에게 요구되는 내용이 명확하며 시기와 장소에 상관없이 집행이 일관성을 유지한다면 순응주체가 쉽게 따르게 된다.

정책의 결정기관이나 집행기관과 관련된 요인에는 해당 기관의 정통성과 집행자의 태도 그리고 담당자의 상부기관에 대한 인식이 대표적이다. 정책대상집단이 보기에 정책담당기관의 정통성이 강하며 집행기관이 보여준 태도가 성실하고 일관되거나, 일선집행관료나 중간매개집단이 상부기관에 대해 깊은 신뢰감을 가지고 있으면 정책집행에 쉽게 순응하게 된다.

순응주체의 능력과 의욕 또한 순응에 영향을 미치는데, 순응주체가 정책내용을 알지 못하거나 이해하지 못하는 경우 또는 필요한 자원이 확보되지 못하거나 경제적 부담능력이 없는 경우 순응하고자 하는의욕이 있더라도 순응이 불가능하게 된다. 이는 예외적인 경우에 해당되기 때문에 크게 문제가 되지 않지만, 가장 문제가 되는 것은 순응주체가 단순한 심리적 거부감이나 경제적 부담에 대한 거부감으로 순응할 의욕이 없어서 불응하는 경우라 할 수 있다.

3) 순응확보의 전략

순응확보전략은 접근방법에 따라 다양할 수 있는데, 불응이 발생되는 요건을 완화하기 위한 관점에서 살펴보고자 한다. 순응확보의 전략유형을 강제성, 이익성, 규범성 그리고 상황요인에 근거하여 분류하면, 강제성에 기초를 두고 있는 대표적인 전략은 규제전략, 이익성은유인전략, 규범성은 설득전략, 상황요인은 촉진전략이라고 할 수 있다(Johnson & Bond, 1980; Balch, 1980).

규제전략은 불응행위에 대한 처벌을 통해 순응을 확보하려는 전략으로, 처벌, 벌과금, 격리, 자격이나 권리의 박탈 등이 대표적인 수단들이다. 규제전략의 순응확보 메커니즘은 주로 불응에 대한 비용을 증대시킴으로써 상대적으로 불응에 따른 사익이 감소되게 하는 것과 처벌이라는 위협에 의해 심리적 변화를 야기하는 것이다.

유인전략은 정책에 대한 순응이 불응에 비해 상대적으로 유리하거나 특정 혜택을 받을 수 있게 하는 전략으로, 조세혜택, 보조금, 보상금, 보험료감면, 특정 자격부여 등이 구체적인 수단에 해당한다. 유인전략은 이익성에 기초를 두고 있으므로 정책대상집단의 순응여부가 계산적 결정인 경우에 유효하지만 적응적 결정인 경우에는 큰 효과를 얻기가 어렵다.

설득전략은 정책대상집단에게 이성적 또는 정서적 공감대를 형성하여 순응의 의무감을 갖게 하는 전략인데, 구체적인 수단으로 계몽, 교육, 홍보, 상징조작 등을 들 수 있다. 이러한 전략은 대체로 정책목표에 대한 가치갈등, 정책에 대한 의심, 대상집단의 태도 등이 불응요인인 경우에 사용될 수 있는데, 행동변화에 대한 규범성의 인식도를 높여 주거나 정서적 호소를 통해 심리적 변화를 야기하는 순응확보 메커니즘이다.

촉진전략은 순응을 저해하는 장애요인을 완화시켜 자발적 순응을 촉진하는 전략으로서, 정보제공, 시간절약, 기술지도, 교육자금 지원, 자연적 장애의 제거, 절차의 간소화 및 자율화 등이 대표적 수단들이다. 정책기준의 불명료성, 지적·기술적인 능력부족, 자금능력부족, 집행기관에 대한 적대적 관계, 의사전달의 결함, 환경적 압력이나 자연적 장애 등이 불응의 원인이다. 따라서 이러한 전략이 효과를 얻기 위해서는 대상집단이 제공되는 수단을 이용하려는 욕구를 가지도록 하여야 한다.

11 정책평가

1. 정책평가의 개념과 필요성

정책평가policy evaluation는 대개 정책의 내용과 그 결과 및 영향 등을 비판적으로 검토하는 활동을 의미한다. 보다 구체적으로 말하자면, 정책의 집행결과가 의도한 정책목표를 실현하였는지, 해당 문제의 해결에 기여하였는지, 어떤 파급효과와 부수효과를 야기했는지, 집행 활동이 계획대로 차질 없이 실행되었는지 등을 체계적이고 비판적으로 분석하고 판단하는 활동이다. 정책평가가 좁게는 집행결과에 대한 성과 또는 효과를 측정하는 의미로 흔히 사용되지만, 보다 넓게는 정책 수요평가와 정책분석 등을 포함하는 개념으로 사용되기도 한다. 일반 적으로는 정책평가를 정책의 집행과정과 집행결과를 사후적으로 검토 하는 활동으로 파악하고 과정평가와 결과평가 양자를 포괄하는 것으로 간주한다. 정책평가는 그 주체가 정책담당자와 정책전문가는 물론 일 반국민 누구라도 가능하다는 점에서 정책체제가 주체인 정책활동과는 구별되고 있다.

정책평가에 대한 정책담당자들의 기피 경향에도 불구하고 그 필요
성과 중요성은 점차 강조되고 있다. 정책이 의도대로 집행되었는지를
파악하고 정책집행에 투입된 자원이 효과성과 능률성 등 경제적 합리
성에 따라 사용되었는지를 확인할 필요가 있기 때문이다. 정책은 막대
한 국민세금을 재정적 기반으로 하고 있고 그 결과가 광범위하여 국민
생활에 커다란 영향을 미친다. 따라서 한정된 자원의 낭비나 손실을 예
방하는 것은 물론 최대의 서비스를 제공할 수 있도록 이를 관리하고 효
율성을 높일 수 있는 장치라는 점에서 평가의 필요성이 더욱 강조된다.

한편, 정책과정에서 수많은 이해관계자들의 이해를 증진시키고
지지와 협조를 확보하기 위해서는 정책효과를 체계적 및 과학적으로
분석한 객관적 자료가 필요하다. 뿐만 아니라 여러 정책들이 의도했던
대로 집행되지 않아 실패사례가 현실적으로 나타나는데, 그에 대한 원
인규명은 물론 정책담당자의 정책활동에 대한 법적, 관리적, 정치적 책
임소재를 파악하는 것 또한 필요하다. 정책을 결정하고 집행하는 담당
자들의 책임이 단순한 회계책임을 넘어서 관리적 책임은 물론 정책 자
체에 대한 정치적 책임 나아가서는 윤리적 책임으로까지 확대될 필요
가 있다. 이러한 책임소재의 파악 및 책임성의 확보는 정책담당자로
하여금 책임의식을 가지고 정책활동을 수행하도록 한다는 점에서 궁극
적으로는 바람직한 정책결과를 산출하는 데 도움이 될 수 있다.

이러한 맥락에서 볼 때, 정책평가가 효율적이고 성공적인 정책활
동뿐만 아니라 그에 따른 국민 삶의 질의 개선을 실현하는 데 있어서
필수적이라 할 수 있다. 그러나 이러한 정책평가의 중요성과 필요성에
도 불구하고 현실적으로 여러 가지 이유에서 정책평가가 실시되지 않

거나 실시된다고 하더라도 그 결과에 대한 수용 여부를 두고 종종 논란이 발생하고 있다.

2. 정책평가의 연구와 초점

체계적이고 과학적인 방법에 의한 정책평가는 1960년대 후반 미국의 Johnson 행정부가 '위대한 사회의 건설'을 위하여 추진하였던 사회정책 사업들에 대한 평가의 필요성이 제기되면서 본격화되기 시작하였다. 흑인폭동을 계기로 하류층의 인간다운 생활의 보장과 평등한 사회적 대우를 위해 막대한 자금과 함께 진보주의적이고 인도주의적인 사업들을 대대적으로 전개하였던 것이다. 그러나 의욕에 차서 무모할 정도로 추진하였던 사업들 대부분이 효과성과 능률성을 결여하고 결국 실패한 것으로 드러나면서, 찬성하였던 사람들조차도 정부사업의 효과성과 능률성을 보다 철저하게 확인할 필요성을 인식하는 계기가 되었다. 이러한 경험을 통해 정책평가의 필요성과 중요성에 대한 인식이 널리 보편화되었을 뿐만 아니라 정부정책은 물론 집행활동에 있어서 합리성과 신뢰성을 강화하는 데에도 기여해 왔다.

1970년대에 와서 정책평가에 대한 연구가 다양하게 활성화되기 시작하였으며, 총괄평가 중심에서 1970년대 중반부터는 과정평가로 확대되기에 이르렀다. 총괄평가는 정책이 집행된 이후에 의도한 효과가 발생하였는지를 확인하는 활동이다. 이에 대한 연구는 평가방법이 주요 연구대상인데, 주로 정책효과의 발생 여부와 정도를 판단하는 과학적 방법이 학자들에 의해 개발되고 있다. 대부분의 경우, 정책결과로

보이는 사회현상이 정책으로 인해 초래된 결과적 현상이거나 변화인지
를 확인 또는 검증하는 데 있어서 과학적 방법의 사용이 필수적이기
때문이다. 한편 과정평가는 집행과정에서 나타난 여러 사항들을 검토
하는 활동으로, 평가결과가 정책집행이나 정책결정에 환류되어 바람직
한 집행전략을 수립하는 데 도움을 제공한다. 과정평가의 이러한 내용
적 특성이 정책집행에 관한 연구와 중복되기도 한다. 총괄평가와 과정
평가에 대한 연구 외에도, 평가결과의 활용을 최대화할 수 있는 전략
을 수립하기 위한 목적으로 평가활동 자체가 누구에 의해서 어떻게 이
루어지며 결과는 어떻게 활용되는지에 대한 연구도 이루어지고 있다
(정정길 외, 2011).

　한편 정책평가와 관련하여 흔히 혼용되는 용어로 사업평가program
evaluation가 있다. 이미 정책의 개념을 소개하면서 정책policy과 사업
program 두 용어의 유사점과 차이점을 살펴보았는데, 사업은 정책집행
을 위하여 구체화된 정책수단인 경우가 대부분으로 종종 하위수준의
정책과 거의 동일하게 사용된다는 점에서 정책평가와 사업평가의 대상
이 사업인 경우가 많다. 사업을 정책의 하위개념으로 보더라도, 대부분
의 경우 실제로 평가되는 것은 집행기관이 정책을 구체화시켜 수행한
사업이며(김명수, 2000), 정책을 구성하는 여러 사업들에 대한 개별적인
평가를 통해 특정 정책을 평가하기도 하기 때문이다. 그러나 정책의
평가가 개별 사업에 대한 평가의 종합으로는 부족하거나 다를 수도 있
다는 점은 분명하다.

3. 정책평가의 유형

　정책평가의 종류를 살펴보는 것은 보다 큰 틀에서 정책평가를 이해하는 데 도움이 된다. 초기에는 총괄평가를 중심으로 시작되어 1970년대 중반 이후부터는 과정평가로 확장되었을 뿐만 아니라 최근에는 더욱 다양한 종류의 정책평가가 이루어지고 있다. 정책평가는 분류하고자 하는 목적이나 기준 등에 따라 여러 가지로 구분될 수 있다.

　가장 일반적인 유형으로는 총괄평가와 과정평가인데,[1] 이는 평가의 대상을 기준으로 구분한 유형이다. 총괄평가summative evaluation는 정책이 집행된 이후에 정책으로 인하여 발생한 결과를 검토하는 사실판단적 활동으로, 정책결과에는 산출 이외에도 효과는 물론 성과 및 영향까지도 포함된다. 따라서 정책결과에 대해 정책이 아닌 다른 요인을 구분하는 것이 총괄평가에서는 매우 중요한 부분이다. 총괄평가는 정책의 목표달성 정도인 효과성, 정책목표달성을 위한 투입과 산출 간의 비율을 의미하는 능률성, 정책의 효과와 비용이 사회적으로 공정하게 배분된 정도인 형평성 등을 평가한다.

　한편 과정평가process evaluation는 집행과정에서 나타난 집행계획, 집행절차, 투입자원, 집행활동 등을 검토하는 평가이다. 이러한 과정평가는 집행과정을 검토함으로써 정책효과의 발생과정을 밝히는 것은 물

---

1 한편, 평가의 시점을 기준으로 총괄평가와 형성평가(formative evaluation)로 구분하기도 하는데, 총괄평가는 집행이 끝나고 이루어지는 평가인 반면, 형성평가는 집행의 도중에 이루어지는 평가로서 집행의 관리와 전략의 수정이나 보완에 도움을 제공한다. 평가대상을 기준으로 하는 총괄평가 및 과정평가와는 구분기준이 다르지만 내용에 있어서 유사한 부분이 매우 많다.

론, 그 결과를 정책집행 및 정책결정에 환류함으로써 바람직한 집행전략을 수립하거나 수정 또는 보완하는 데 도움을 제공한다. 다시 말하자면, 과정평가의 결과를 근거로 보다 효율적인 집행전략을 수립하거나 보다 바람직한 정책수단을 채택하며 정책의 중단이나 축소 또는 유지나 확대 여부를 결정하는 데 도움을 제공한다. 이러한 기능과 관련하여 과정평가는 다시 좁은 의미의 과정평가와 집행과정평가로 구분된다.

　　좁은 의미의 과정평가는 정책수단이 발생시키는 정책효과의 경로를 구체적으로 파악하는 것으로, 즉 정책수단과 달성된 정책목표 간 인과관계의 경로를 검증 또는 확인하는 것이다. 따라서 좁은 의미의 과정평가는 정책효과나 부작용 등의 인과경로causal path를 밝혀내서 총괄평가를 보완하는 기능을 수행한다(정정길 외, 2011). 한편 집행과정평가 또는 집행분석implementation analysis은 원래의 계획이나 설계대로 정책이 집행되었는지를 확인 또는 점검monitor하는 것이다. 구체적으로 말하자면, 정책집행활동에 있어서 계획된 활동들이 관련된 법률과 규정에 따라 수행되었는지, 계획된 양과 질의 자원이 계획된 시기에 투입되었는지, 의도한 대상집단에게 전달되었는지 등에 대하여 점검하는 것이다. 따라서 집행과정평가는 집행활동의 설계상의 약점을 파악 및 보완하고 보다 바람직한 집행 절차 및 방법을 제시하며, 집행담당자의 책임성 확보에 기여한다.

　　그 외에도 정책평가는 평가주체에 따라 내부평가와 외부평가로 구분되며, 사용되는 평가방법에 따라 객관적 평가와 주관적 평가, 또는 사용되는 자료에 따라 질적 평가와 양적 평가 등으로 구분된다. 내부평가는 집행담당자들이나 체제 내부의 구성원들이 하는 평가이며, 담당기관 이외의 외부인이 하는 평가를 외부평가라고 한다. 특히, 정책의 집행담당자가 직접 평가를 수행하는 경우를 자체평가라 하고, 집행담당자를 제외한 정책책임기관 내부에서 평가를 수행하는 경우를 내부평가라고 구분하기도 한다. 객관적 평가는 구체적 자료에 근거하고 실험설계 및 통계적 처리 등을 사용하여 과학적이고 체계적으로 수행되는 평가이고, 주관적 평가는 평가자의 주관적인 느낌이나 생각에 의존하여 수행되는 평가로서 평가자의 수준이나 개인적 이해관계에 따라 평가결과에 차이가 날 수도 있다. 질적 평가는 질적qualitative 자료를 이용하는 평가로서 인터뷰, 관찰, 사례연구, 설문지나 각종 문서 등이 주로 활용되며, 양적quantitative 평가는 표준화된 측정방법으로 확보된 정량적 자료를 이용하는 평가로서 효과성 측정에 특히 유용한 방법이다. 한편 평가대상, 평가주체, 평가방법 등을 포괄하여 분류하는 유형으로 예비평가와 본평가가 있는데(정정길 외, 2011), 예비평가는 본격적으로 평가를 시작하기에 앞서 평가의 소망성과 실행가능성을 개략적으로 검토하는 평가성검토evaluability assessment 또는 평가성사정이고, 본평가는 평가대상 정책이나 사업에 대해 총괄평가나 과정평가 등을 실시하는 것이다.

4. 정책평가의 목적

정책평가의 목적은 평가자의 의도에 따라 다를 수 있지만, 일반적으로는 정책결정과 집행과정에 필요한 정보를 제공하고 정책과정상의 책임성을 확보하며 정책연구를 위한 이론형성에 도움을 받기 위해서

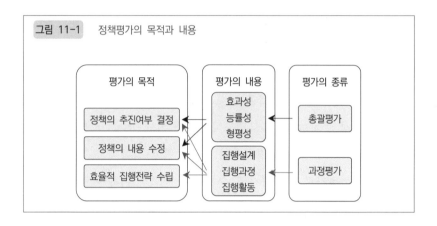

그림 11-1 정책평가의 목적과 내용

평가를 수행한다. 이와 같은 바람직한 목적 이외에도, 시간이 요구되는
정책평가를 의사결정의 지연수단으로 이용하거나 의사결정의 책임을
정책평가의 결과로 돌리는 책임회피의 수단으로 이용하기도 하며, 정책
이 성공적인 경우 담당자의 공적을 대외적으로 알리기 위한 홍보수단
으로 이용하는 등의 비합리적인 목적으로 정책평가를 실시하기도 한다.

첫째, 정책평가를 통해 산출된 사후적 정보를 정책결정과 집행과
정에 환류함으로써 정책과정이 보다 바람직하게 이루어지도록 도움을
제공한다. 즉 정책평가의 결과는 해당 정책이나 관련 정책의 계속적
추진이나 중단 여부의 결정, 정책의 내용수정, 보다 효율적 집행전략의
수립 등에 필요한 정보를 제공할 수 있다. 구체적으로 말하자면, 평가
결과를 토대로 정책의 중단이나 축소 또는 확대 여부를 결정하거나 정
책목표와 정책수단의 수정 또는 보완과 같은 정책내용을 수정하는 것
은 물론 집행과정의 검토와 집행활동의 점검을 통하여 보다 효과적이
고 능률적인 집행절차와 방법 등을 설계하는 것이 가능하다는 것이다.

둘째, 정책평가의 또 다른 목적은 정책과정상의 책임성accountability

을 확보하기 위한 것으로 정책체제의 담당자에 대한 통제기능에 해당
한다. 정책체제를 관리 및 운영하는 담당자는 국민에게 책임을 져야한
다는 민주주의원리에 그 근거를 두고 있는데, 이러한 통제기능을 위해
수행되는 정책평가의 대상은 정책효과 및 정책집행과정만이 아니라 정
책의 전체 과정과 내용을 포함한다. 보다 구체적으로, 정책평가는 집행
담당자들의 집행활동이 법규나 회계규칙에 합치하도록 강제하여 법적
책임성을 확보하고, 관리자가 효과적이고 능률적으로 집행업무를 관리
하여야 하는 관리상의 책임을 확보하며, 정책담당자가 일반국민에게
정책의 효과와 능률을 보장해야 하는 정치적 책임을 확보할 수 있게
해 준다. 이 때문에 정책담당자는 정책평가에 대해서 비협조적이거나
심지어 저항하기도 하며 평가결과를 왜곡하기도 한다.

셋째, 정책은 그 속에 여러 가지 인과관계에 대한 가설을 내포하
고 있으며, 따라서 일반적으로 해당 정책수단의 실천을 통해 추구하는
정책목표가 달성될 것이라는 가설적 언명의 형식으로 제시된다. 이러
한 가설들은 기존의 이론에 기초하여 만들어지거나 정책입안자의 개인
적 식견이나 주관적 판단으로 만들어지기도 한다. 따라서 정책평가를
통한 정책목표와 정책수단 간의 인과관계의 검증은 기존 이론의 수정
이나 보완은 물론 새로운 이론구축에 기여하게 된다.

5. 정책평가의 절차

정책평가의 절차는 정책평가의 유형이나 목적 또는 평가자에 따
라 달라질 수 있는데, 이에 대한 견해 또한 학자마다 다양하게 제시하

고 있다. 크게는 정책평가의 기획, 자료의 수집과 분석, 그리고 평가결과의 제시 등 3단계로 구분할 수 있으나, 가장 보편적이라 할 수 있는 절차, 즉 정책평가의 목적 확인과 평가유형의 결정, 정책구조의 파악과 평가대상의 확정, 정책평가의 설계, 자료의 수집과 분석, 평가결과의 제시 등의 5단계로 나누어 소개한다.

1) 정책평가의 목적 확인과 평가유형의 결정

정책평가의 기획에 있어서 무엇보다 먼저 정책평가자는 평가결과를 이용하게 될 잠재적 이용자와 평가의 목적을 확인하는 것이 필요하다. 정책평가의 목적은 이미 언급한 바와 같이 정책결정과 정책집행에 필요한 정보의 획득, 정책 담당자의 책임성 확보, 정책 관련 지식의 구축 등이 일반적이지만, 이용자에 따라 정책평가를 통해 얻고자 하는 구체적인 정보의 내용이 다른 것은 물론 그 목적에 따라 평가의 방법과 대상 또한 달라지기 때문이다. 예를 들어 정책담당자의 경우, 정책결정자는 정책평가를 통해 정책의 효과성과 능률성 여부와 정책의 수정 필요성 등에 대한 정보를 얻고자 하겠지만, 정책집행자는 집행의 방법과 절차 등의 효율성에 관한 정보를 얻고자 할 것이다. 한편 일반 국민들은 정책평가의 결과를 토대로 정책담당자의 책임 소재를 파악하고 정책과정을 보다 더 바람직한 방향으로 개선하도록 정책체제에 영향을 행사하고자 할 것이다. 평가의 목적이 정책의 성과 확인이면 총괄평가가, 그리고 정책집행의 효율성 확보라면 형성평가가 적합할 것이다. 한편, 정책과정의 개선에 필요한 정보 획득이 평가의 목적이면 자체평가나 내부평가가 적합하지만, 정책평가를 통해 책임성을 확보하고자 한다면 외부평가가 적합하다고 할 수 있다.

2) 정책구조의 파악과 평가대상의 확정

정책평가자가 평가의 목적을 확인하고 그에 부합하는 평가의 유형을 결정하면 평가할 대상인 정책이나 사업을 명확하게 규정해야 한다. 이를 위해 평가하고자 하는 정책의 범위를 개괄적으로 파악하고 정책담당자의 도움을 받아 정책의 목표와 내용 그리고 성공의 기준 등을 정의한다. 확인된 정책의 범위와 정의를 토대로 해당 정책의 목표 -수단 간의 계층적 인과모형을 보다 구체적으로 작성하는데, 인과모형은 투입에서부터 정책목표에 이르는 구성요소들, 즉 정책목표-중간목표-활동-투입의 관계를 보여준다. 따라서 이렇게 작성된 모형에는 평가대상이 모두 포함되어 있기 때문에 이러한 일련의 작업을 통해 평가해야 할 대상을 구체적으로 확인하고 명확하게 확정하게 된다.

3) 정책평가의 설계

평가하고자 하는 정책의 범위와 구조 파악에 이어 대상이 확정되면 수행하게 될 평가의 방법, 즉 자료의 수집과 분석 방법을 계획하고 조직화해야 하는데, 이러한 작업을 평가설계라고 한다. 평가설계에 따라 자료의 수집 및 분석 방법은 물론 자료의 유형도 달라지는 것은 물론, 평가활동의 효율성과 평가결과의 신뢰성과 타당성[2]이 좌우된다.

---

2 신뢰성은 대상에 대한 반복 측정 결과들의 일관성 정도, 즉 동일한 대상에 대해 측정을 되풀이 할 때 동일한 측정값을 얻을 가능성을 의미한다. 그리고 내적 타당성은 다른 외적 요인, 즉 제3의 변수에 의한 영향을 배제함으로써 연구자가 파악하고자

평가설계는 양적 평가qualitative evaluation3에서 특히 중요한데, 자료의 수집이나 분석에 대한 신뢰성과 타당성의 확보가 필수적이기 때문이다. 평가설계의 기본적 유형으로는 진실험설계experimental design와 준실험설계quasi-experimental design 그리고 비실험설계가 있으며, 분산분석ANOVA, 회귀분석regression analysis, 시계열분석time series analysis, 경로분석path analysis 등의 통계적 방법이 활용된다. 자료수집의 방법으로는 설문조사survey, 면접조사interview, 2차 자료의 이용 등이 대표적이다.

한편 질적 평가quantitative evaluation의 경우는 사례연구case study, 내용분석content analysis, 참여연구participation study 등이 사용되는데, 질적 평가 또한 정밀한 평가설계를 통해 객관성4을 확보하려는 노력이 요구된다. 평가방법은 평가의 유형에 따라 차이가 나는데, 총괄평가와 좁은 의미의 과정평가는 양적 방법에 그리고 정책집행분석은 질적 방법에 주로 의존한다. 그리고 평가자는 자료의 수집과 분석 방법 이외에도 이용 가능한 시간, 활용 가능한 자원과 제약, 정책의 주요 관련자들에 대한 접근 가능성 등을 파악하여 평가설계에 반영하여야 한다.

하는 대상에 대한 내용을 얼마나 정확하게 측정할 수 있는지의 가능성을 의미한다.

3 양적평가는 평가대상을 수량화하고 수량화된 자료를 통계적 방법을 이용하여 기술하고 분석하는 평가방법이다. 한편 질적평가는 평가에 관련된 당사자들의 상호주관적 이해를 바탕으로 정책현상을 사실적으로 기술하고 해석하는 평가방법이다.

4 객관성(objectivity)은 평가자의 주관적 오차를 배제하고 누구나 평가결과에 대하여 공감하고 합의할 수 있으며 수용할 수 있어야 한다는 의미이다.

4) 자료의 수집과 분석

정책평가가 객관성과 신뢰성을 확보하기 위해서는 평가대상과 관련된 질적 또는 양적 자료가 정확하게 충분히 수집되어 분석에 활용되어야 한다. 자료수집과 관련하여, 설계된 방법에 따라 자료를 수집하게 되지만 자료수집 단계에서 발생할 수 있는 현실적 문제나 한계를 충분히 인식하고 대처하는 것이 필요하다. 한편 자료의 질적 분석은 주로 과정평가에 이용되고 양적 분석은 주로 총괄평가에 이용되지만, 과정평가이든 총괄평가이든 질적 분석과 양적 분석이 필요에 따라 적절히 조화를 이루어야 바람직한 평가가 가능하게 된다. 이를테면, 과정평가라 하더라도 정책목표 − 중간목표 − 활동 − 투입 간의 인과관계를 검증하기 위해서는 양적 분석이 필요하며, 총괄평가라 하더라도 정책이 아닌 다른 요인이 정책효과에 미친 과정을 밝히기 위해서는 질적 분석이 요구되기 때문이다.

5) 평가결과의 제시

정책평가의 궁극적인 목적은 평가결과를 이용할 잠재적 이용자, 대개의 경우 정책결정자나 정책집행자에 의해 정책의 내용 및 활동에 반영되어 보다 바람직한 정책이 이루어지도록 하는 데 있다. 이를 위해서는 평가결과가 실천적으로 활용될 수 있도록 적절한 방식으로 적절한 시기에 제시 또는 전달되어야 한다. 평가결과는 대부분 보고서의 형태로 작성되어 제시되는데, 이해 가능한 표현으로 명확하고 공정하게 기술되고 논리적으로 조직화되며 충분한 증거를 근거로 결론과 건

의사항을 우선순위에 따라 제시하는 것이 필요하다. 뿐만 아니라 평가
의 전제와 방법 그리고 평가의 한계 등을 분명하게 제시하는 것도 필
요하다. 특히 평가자와 이용자 사이에 의사소통이 원활하여야 하는데,
평가결과가 이용자에게 정확하게 전달되지 못하면 평가결과의 올바른
활용5이 불가능하기 때문이다.

6. 정책평가의 타당성과 방법

　정책평가에는 평가의 목적은 물론 평가의 대상이 되는 정책의 유
형, 성격, 내용 등에 따라서 다양한 평가방법이 사용된다. 평가방법은
과학적 방법과 비과학적 방법으로 구분되는데, 총괄평가에서는 과학적
방법이 특히 중요시 되고 있다. 그 이유는 총괄평가의 주된 목적이 정
책목표와 정책수단 간의 인과관계 검증인데, 평가에 있어서 목표-수
단간 인과관계는 증명이 필요한 가설로 간주되고 이러한 가설은 과학
적 방법에 의해 검증되어야 하기 때문이다. 이처럼 가설검증이 체계적
이고 과학적 방법에 의존하는 것은 검증에 있어서 타당성 확보가 필수
요소이며, 그 타당성은 과학적 방법을 통해 확보가 가능하기 때문이다.

---

5 평가결과의 활용은 도구적 이용(instrumental use)과 관념적 이용(conceptual use)
　으로 구분될 수 있는데, 도구적 이용은 평가결과를 직접적으로 정책의 내용이나 과
　정의 개선 또는 정책담당자의 책임성 확인 등에 이용하는 것이고, 관념적 이용은 계
　몽적 이용(enlightenment use)이라고도 하는데 어떤 문제에 대한 정책결정자의 사
　고방식이나 관념에 변화를 일으켜서 간접적으로 영향을 미치게 하는 것을 말한다
　(Rich, 1977; Weiss, 1977).

1) 정책평가의 타당성

정책평가에 있어서 타당성^{validity}은 정책평가에 의해 목표－수단 간 인과관계를 올바르게 판단하는 정도를 의미한다. 환언하자면, 정책평가를 통해 정책목표와 정책수단 간의 인과관계를 검증하여 정책효과에 대해 밝혀낸 평가결과가 정책집행으로 인해 초래된 실제^{reality}의 내용과 동일한 정도를 말한다. 그러나 우리는 파악하고자 하는 실제를 알지 못하기 때문에 정책평가를 통해 파악한 평가결과가 얼마나 실제와 동일한지를 판단하는 것, 즉 평가의 타당성을 판단하는 것은 불가능하다. 따라서 평가의 타당성은 평가에 사용된 방법, 즉 사용된 실험적 방법과 통계적 방법 등이 파악하고자 하는 실제를 얼마나 정확하게 파악할 수 있도록 조작되었는지를 통해 판단하게 된다.

정책평가의 타당성은 내적 타당성과 외적 타당성으로 구분되는데, 내적 타당성^{internal validity}은 정책이 집행된 이후에 효과로 보이는 변화가 정책 때문인지 아니면 다른 원인 때문인지를 명확하게 보여주는 정확성을 의미한다. 다시 말해서, 실제로 정책효과가 있는 경우에는 있다고 그러나 없는 경우에는 없다고 정확히 밝히면 그 평가는 내적 타당성이 있는 것이다. 그리고 외적 타당성^{external validity}은 평가의 결과를 다른 상황, 다른 대상, 다른 시기 등에서도 적용할 수 있는 일반화^{generalization}의 가능성을 의미한다.

2) 정책평가의 방법

정책평가에 활용할 수 있는 방법은 매우 다양하지만 크게 과학적인 방법과 비과학적인 방법 또는 실험적 방법과 비실험적 방법으로 구분할 수 있다. 총괄평가와 과정평가 모두 과학적 방법이 적용될 수 있으나, 이들 평가방법 중에서 과정평가의 방법에 속하는 모니터링, 그리고 총괄평가의 방법에 속하는 진실험 방법과 준실험 방법 등을 중심으로 소개한다.

모니터링monitoring은 집행과정의 점검을 통해 원활한 사업 운영과 집행의 효율성을 도모하는 데 목적을 두고 있으므로, 사실에 입각한 정확한 자료수집이 무엇보다 필요하다. 정책집행의 현황을 점검하기 위해 정책수단이나 활동의 실제 상황을 관찰할 뿐만 아니라 집행활동이 산출한 결과에 대한 관찰도 이루어진다. 따라서 정책 또는 사업이 어떻게 운영되고 어떤 문제점을 발생시키는지, 또는 집행의 산출물이 나타나고 있는지 등과 같이 사실에 대한 측정과 묘사에 초점을 둔다. 모니터링은 정책활동이 설계대로 수행되고 지정된 대상집단에 도달되고 있는지를 검토하여 정책을 수정이나 보완 또는 활성화하는 집행모니터링과, 투입 활동 및 산출물을 측정하고 정책의 성과를 사전에 설정 또는 기대한 성과와 비교함으로써 현재 상태에 대한 정보를 확보하여 정책 활동을 분석하는 성과모니터링으로 구분된다.

정책평가에 있어서 모니터링은 몇 가지 기능을 수행하는데, 모니터링은 사업계획과 관련된 관리자와 이해당사자들의 행동이 의회나 규제기관, 기타 정책전문기관에 의해 제시된 기준과 절차에 일치compliance하는지의 여부를 파악하게 해준다. 다음으로 모니터링은 특정한 대상집단에 분배하려고 의도한 자원과 서비스가 실제로 그들에게 도달했는지에 대해 알 수 있게 해주는 감독auditing 기능을 제공한다. 그리고 모니터링은 장기간에 걸친 정책이나 계획의 집행으로 나타나는 사회경제적 변화, 즉 자원의 투입에 대한 성과의 내용을 나타내는 회계accounting 기능을 제공한다. 마지막으로 모니터링은 정책과 계획의 결과가 왜 다르고 어떻게 운영되는가를 설명할 수 있도록 해준다(Waller et al., 1976).

비실험적 방법은 정책효과의 존재여부를 판단하기 위해 정책집행이 수행되고 나서 정책대상집단과 다른 집단을 사후적으로 찾아내어 일정한 시점에서 비교하는 방법이다. 대상집단과의 비교에 사용되는 다른 집단은 엄밀한 의미의 통제집단이나 비교집단이 아니라 단지 의사pseudo비교집단에 불과하다. 의사비교집단은 실험적 방법처럼 정책을 실시하기 이전에 의도적으로 선정된 것이 아니고 정책이 실시되고 난 이후에 임의로 선정된 집단이다. 따라서 실험적 방법에 비해 실행가능성은 매우 높지만 허위변수와 혼란변수를 통제하기가 어렵다는 점에서 내적 타당성이 매우 취약한 평가방법이다. 이때 허위변수는 두 변수 X와 Y 사이에 전혀 관계가 없는데도 불구하고 두 변수의 뒤에 숨어서 마치 인과관계가 있는 것처럼 나타나도록 만드는 제3의 변수 Z를 말한다. 혼란변수는 한 변수 X가 다른 변수 Y에 부분적으로 영향을 미치는 한편 뒤에 숨어 있는 또 다른 변수 Z가 두 변수 X와 Y에 영향을 미쳐서 두 변수간의 실제 인과관계보다 더 크거나 작게 보이도록 혼란을 일으키는 제3의 변수 Z를 말한다.

한편 정책평가에서 사용되는 실험적 방법인 사회실험은 실험실실험laboratory experiment과 기본논리가 동일하다. 실험대상을 의도적으로 실험집단experimental group과 비교되는 통제집단control group 또는 비교집단comparison group으로 나누고, 실험집단에는 일정한 처리를 가하지만 통제집단이나 비교집단에게는 가하지 않고 일정 시간이 경과한 후 두 집단 사이에 나타나는 차이를 처리효과로 간주하는 것이 기본논리이다. 이때 두 집단, 즉 실험집단과 통제집단이 동질성을 지니는 실험을 진실험true experiment이라 하고, 실험집단과 비교집단 사이에 동질성이 확보되지 않은 실험을 준실험quasi experiment이라 한다. 두 집단의 구성원을 모집단population, 즉 실험대상으로부터 무작위로 각각 선정하면 동질성이 확보되는 반면 무작위로 선정하지 않으면 동질성을 확보하지 못하게 된다.

진실험 방법은 실험집단과 통제집단을 무작위 배정으로 동질성을 확보하여 수행하므로 제3의 변수의 영향을 통제[6]할 수 있어 내적 타당성면에서 우수한 방법이다. 그럼에도 불구하고 진실험 방법을 사용한 정책이나 사업 평가의 사례는 찾아보기 매우 어려운데, 그 이유는 정책평가와 같은 사회실험이 타당성의 확보에 있어서 약점은 물론 실행가능성에 있어서도 현실적으로 제약이 존재하기 때문이다. 실험집단과 통제집단이 동일한 대상집단으로 구성된다는 점[7]에서 정책수단이 실험집단으로부터 통제집단에게 누출leakage될 수가 있고, 정책의 효과로 실험집단에게 나타난 변화를 통제집단이 모방imitation할 수도 있는데, 이러한 경우에는 두 집단 간의 차이를 통해 정책효과를 정확하게 파악할 수가 없게 된다. 이와 같은 오염현상contamination 외에도 실험으로

---

6 내적 타당성을 위협하는 요소를 통제할 수 있다는 의미이며, 위협요소에는 역사효과(history effect), 성숙효과(maturation effect), 선발효과(selection effect), 측정수단효과(instrumentation effect), 소모효과(attrition effect), 시험효과(testing effect), 회귀효과(regression effect), 그리고 이들 요소의 복합효과 등이 대표적이다.

7 두 집단이 동일한 지역이나 환경 속에서 상호접촉을 통해 오염현상이 발생하게 된다.

인하여 실험집단이나 통제집단이 실험 이전과 다른 부자연스러운 반응 unnatural reaction을 보이기도 한다. 이러한 내적 타당성의 약점 이외에 외적 타당성에 있어서도 약점을 지니는데, 실험대상집단이 실험대상으로서 관찰되고 있다는 사실을 알고 평소와 다르게 행동하는 Hawthorne 효과가 대표적이다. 한편 해당 정책의 내용이 두 집단 가운데 어느 한 집단에게만 혜택이 주어지는 경우 다른 집단이 반발할 수 있고, 어느 한 집단에게 불이익을 주게 되는 경우 해당 집단이 거부를 할 수도 있다. 이와 같은 이유로 대상집단의 협조를 확보하기가 어려울 뿐만 아니라 도덕적 또는 정치적 이유로 진실험 방법을 적용하는 데 현실적인 어려움이 발생할 수도 있다.

준실험 방법은 실험대상으로 하여금 실험집단이나 비교집단을 선택할 수 있도록 하므로 진실험 방법에 비해 실행가능성이 높으며, 내적 타당성의 확보에 있어서 비실험 방법에 비해 우수하지만 진실험 방법에 비해서는 약점을 지니고 있다. 준실험 방법은 두 집단이 서로 접촉하지 않으므로 누출이나 모방과 같은 오염현상이 발생하지 않는다는 점에서 내적 타당성을 강화할 수 있다. 또한 실험대상집단이 실험대상으로 관찰되고 있다는 사실을 알지 못하도록 진행하는 경우, Hawthorne효과를 방지할 수 있다는 점에서 외적 타당성을 제고할 수 있다. 그러나 이러한 장점에도 불구하고 두 집단이 비동질적이기 때문에 서로 다른 성숙효과를 지닐 수 있다는 것은 물론 어느 한 집단에게만 특유의 사건이 발생하여 실험결과에 영향을 미칠 수도 있다는 점에서 내적 타당성에 위협이 될 수 있다. 이와 같이 서로 다른 두 집단으로 인해 내적 타당성이 결여된 평가의 결과를 일반화시키는 경우에는 외적 타당성이 약화될 수도 있다. 이러한 약점들은 실험집단과 비교집단을 가급적 동질적으로, 즉 진실험 방법에 가깝도록 구성하거나 정책효과의 평가를 위한 두 집단을 구성할 때 명확한 기준을 적용하는 방법으로 회귀불연속설계 또는 단절적 시계열분석 등을 사용함(정정길 외, 2011)으로써 어느 정도 보완이 가능하다. 회귀불연속설계regression discontinuity design는 실험집단과 비교집단을 설정할 때 명확하게 알려진 기준이 되는 점수, 즉 구분점cutting point을 사용하여 회귀직선의 불연속단절을 통해 정책효과를 파악하는 기법[8]이다. 그리고 단절적 시계열분석interrupted time series analysis은 정책결과의 시계열 곡선의 단절을 이용하여 정책효과를 측정, 즉 단절이 발생한 시점을 기준으로 전후의 여러 시계열 측정값을 비교해 정책효과를 판단하는 방법이다. 정책실시 전의 시계열 추세가 정책실시 후에도 지속된다면 이는 정책효과가 없는 것을 의미한다(백승기, 2016).

---

8 예를 들자면, 장학금이 학업성적에 미치는 영향을 평가하기 위하여 80점 이상을 실험집단으로 그리고 80점 미만을 비교집단으로 구성하여 실험집단에게 장학금을 지급하고 1년 후의 두 집단의 성적을 비교해 볼 때 회귀직선의 불연속의 크기만큼을 장학금지급의 효과로 본다.

12 정책변동

1. 정책변동의 의미

정책변동에 대한 연구는 정책연구의 다른 분야에 비해 상대적으로 뒤늦게 정책종결에 대한 연구로부터 시작되었는데, 최근에 와서는 정책종결을 포함하는 다양한 형태의 정책변화에 대한 보다 광범위한 연구로 확장되어왔다. 정책은 정책환경의 변화나 정책과정에서 획득되는 정보에 따라 변동되는 상황에 놓여있다. 정책활동을 유발시킨 사회문제가 환경변화에 따라 질적으로 달라질 수 있으며, 이러한 문제의 성격변화 또한 정책결정이나 정책집행 또는 정책평가 도중에 파악되고 환류되어 정책의 변동을 일으키는 원인이 되기도 한다. 특히 정책과정에서 각 단계의 활동결과로부터 산출된 정보는 전 단계로 환류되어 보다 바람직한 정책활동을 위한 정보로 활용된다. 이를 테면, 정책결정으로부터의 정보는 정책의제설정에 환류되고 정책집행으로부터 산출된 정보는 정책의제설정과 정책결정에 그리고 정책평가로부터 산출된 정보는 정책결정과 정책집행에 제공되어 이들 각각의 정책활동에 영향을 미친다. 이처럼 정책과정의 각 단계에서 산출된 정보들이 이전 단계로 환류되어 정책활동의 변화를 야기하는데, 이러한 과정을 통해 정책은 변동하게 된다. 정책변동은 정책과정 전반에서 발생하는 여러 가지 변화 양상을 의미하며, 정책내용의 변화는 물론 정책집행의 변화를 포괄한다.

2. 정책변동의 원인

정책변동의 원인에는 여러 가지가 있지만 무엇보다 근본적인 원인은 정책환경의 변화라고 할 수 있다. 정책환경의 변화는 요구와 지지의 변화, 즉 정책체제에 대한 투입의 변화를 초래함으로써 전환과정에서 이해당사자들의 상호작용이 어떻게 전개되느냐에 따라 정책변동의 내용이 결정된다. 이러한 환경변화를 포함하여 다양한 원인들을 환경 요인, 환류 요인, 조직 요인, 정책요인 등으로 구분하여 소개한다.

1) 환경 요인

정책환경의 변화는 정책변동의 가장 근본적인 원인에 해당하는 요인으로, 특정 정책에만 영향을 미치는 것이 아니라 여러 관련 정책에 광범위하게 중장기적으로 영향을 미친다. 정책문제의 해결을 목표로 하는 경우, 정책환경의 변화에 따라 정책문제의 성격이 바뀌게 되면 관련 집단은 변화된 요구와 지지를 통해 정책내용의 변화를 요구하게 된다. 정책환경의 거시적 요인들, 즉 정치·경제·사회적 상황이 변화하여 해당 정책내용이 더 이상 적실성을 지니지 못하거나 정책의 추

진에 지속적으로 필요한 여러 자원, 즉 지지가 비우호적인 입장으로
바뀌어 축소하게 되면 정책에 대한 수정이 불가피하게 된다.

　　정부의 정권교체 또는 의회 다수당의 변화와 같은 정치적 상황의
변화는 이전과 다른 정치이념의 대두를 의미하므로 그에 부합되는 새
로운 정책의 수립은 물론 기존 정책의 수정이 불가피하게 된다. 또한
경제적 상황의 변화는 정책자원의 증감을 초래하여 기존 정책의 수준
과 범위를 확대 또는 축소하게 하거나 장기적으로는 산업구조의 변화
를 유발하게 되어 그에 적합한 정책으로의 변화를 도모하게 한다. 뿐
만 아니라 학력수준의 향상, 시민의식의 개선, 인구구조의 변화 등과
같은 사회적 상황의 변화 역시 정책변동을 유발하는 요인으로 작용하
는데, 이러한 변화는 정책과정 전반에 걸쳐 이해관계자들의 상호작용
의 방식은 물론 투입의 내용에 있어서도 변화를 가져와 기존 정책에
대한 수정이나 보완이 이루어지도록 한다.

2) 환류 요인

　　정책 환류 요인은 정책과정의 각 단계에서 산출된 정보들이 이전
단계에 환류되고 기존의 정책에 반영되어 결과적으로 정책이 수정이나
보완 또는 중단되는 정책변동을 일으키는 것이다. 환류 요인은 환경
요인과 달리 정책 자체가 만들어 내는 요인으로 특정 정책의 변동에
초점이 맞춰진 미시적이고 단기적 차원의 변동요인이다. 환류와 관련
하여 대부분의 경우 정책평가를 통해 산출된 결과로서의 자료가 해당
정책단계에 제공되고 정보로 활용되어 정책변동을 일으키지만, 그 외
에도 학문적 발달이나 사회적 학습으로부터 획득된 지식 또한 정책내

용 및 활동에 활용되어 정책변동의 요인으로 작용하기도 한다. 이를
테면, 설정된 정책목표가 보편적 가치나 공익의 실현에 기여하지 못하
거나 그 수준이 지나치게 미흡하거나 과도한 것으로 판단되는 경우에
는 정책의 수정이나 중단과 같은 정책변동이 필요하다. 또한 정책결정
에 사용된 기존의 학문적 이론이나 경험적 지식이 해당 사회문제를 해
결하는 데 적합하지 않은 것으로 판명되거나 해당 이론이나 지식 자체
가 오류의 보완으로 인하여 수정된 경우에 해당 정책의 변화는 불가피
하다.

3) 조직 요인

정책을 담당하는 조직이나 기관의 규모가 축소 또는 확대되거나
정책 관련 주도인물이 교체되면 정책에 변화가 발생하는 경우가 있다.
이러한 조직의 내부적 변화는 주로 예산상의 문제와 연결되어 있는데,
조직의 예산이 감축되면 관리측면에서 조직의 규모가 축소되는 것은
물론 해당 조직이 담당하던 기존의 정책비용 또한 절감되는 결과를 가
져와 정책변동으로 나타날 수 있다. 예산이 확대되는 경우는 조직 내
부에 그 반대의 변화를 가져오게 되지만 이러한 경우 역시 기존 정책
에 대한 변화를 가져오는 원인이 된다. 그 외에도 담당조직이 지닌 취
약점이 정책변동의 원인으로 작용할 수 있는데, 조직이 지니고 있는
대외적 이미지의 악화, 조직지도층의 리더십 약화, 내부적 갈등의 심화
등과 같은 정치적 취약점뿐만 아니라 외부환경으로부터 투입된 정보에
대한 정확하고 신속한 분석 및 전달 능력의 부족으로 조직이 위축되는
관리적 취약점 때문에 정책변동이 발생하는 경우가 있다.

4) 정책 요인

정책을 통해 해당 사회문제가 완전히 해결되거나 해결되지 못한 경우에도 정책변동이 나타난다. 사회문제가 의도한 수준에서 충분히 해결되었다면 해당 정책이 더 이상 필요하지 않아서 정책이 종결된다. 한편 목표－수단 간의 인과관계에 문제가 없더라도 정책결정과정에서 예상하지 못한 불응발생이나 상황변화 등으로 의도한 효과를 달성하지 못한 경우에는 그에 대한 정책 변화가 필요하게 된다. 논리적으로 보면, 정책이 잘못 결정된 정책오류의 경우 당연히 변동되어야 하지만, 이러한 정책오류가 종종 정치적 목적과 결부되어 있어서 정책내용의 오류 자체만으로는 정책변동이 일어나지 않고 정책환경의 변화와 같은 보다 근본적인 원인이 발생하는 경우라야 정책변동이 발생하기도 한다. 그러나 정책이 시간의 흐름에 따른 환경의 변화에 신축적으로 대응하는 것과는 달리, 단기간 내의 급격한 변화로 일관성을 상실하고 다른 정책과 모순 또는 충돌됨으로써 관련 이해당사자는 물론 일반 국민들에게 혼란을 야기하는 정책혼란이 발생한다면 이는 매우 바람직하지 않은 변동에 해당한다고 할 수 있다.

3. 정책변동의 유형

정책변동의 유형은 크게 2가지 기준, 즉 그 범위와 정도 또는 그 내용에 따라 보다 세분될 수 있는데, 먼저 변동의 범위와 정도를 기준으로 점증적 정책변동과 비점증적 정책변동으로(Baumgartner & Jones,

2002; 정정길 외, 2011) 그리고 변동의 내용을 기준으로는 정책혁신, 정책유지, 정책승계, 정책종결(Hogwood & Peters, 1983) 등으로 분류된다. 현실에서의 정책변동은 이들 유형이 하나 이상 포함되는 형태로 나타나는데, 정책의 유지와 승계가 가장 일반적인 형태의 정책변동이라고 할 수 있다.

1) 변동의 범위에 따른 분류

정책변동의 범위와 정도에 따른 분류는 점증적 변동과 비점증적 변동으로 구분된다. 먼저 점증적 변동은 현상유지라는 균형을 중심으로 일정한 범위 내에서 예측 가능한 변화가 발생하는 것을 의미한다. 점증적 변동의 경우, 현상유지에서 벗어나려는 힘을 제어하고 항상성 homeostasis을 유지하려는 부정적 환류negative feedback나 자기교정 self-correcting 메커니즘, 즉 정책의 변화를 억제하려는 메커니즘이 작동한다. 이러한 점증적 정책변동은 변화에 대한 대응이나 적응과정에서 안정을 유지하려는 속성이 상대적으로 강한 다원주의적 정책체제에서 주로 발생한다. 다원주의적 경쟁과 타협 또는 연합은 급진적이기보다는 점진적 변화를 가능하게 하기 때문인데, 점증적 정책변동을 전제로 한 논의로는 교란이론disturbance theory(Truman, 1971), 이익집단자유주의, 철의 삼각동맹iron-triangles, 정책하위체계policy subsystems 등이 그 예에 해당한다.

한편 비점증적 정책변동은 기존의 균형이 와해되어 급격한 변화가 발생하는 것을 의미하는데, 여기에는 변화를 촉진하려는 긍정적 환류positive feedback나 자기강화self-reinforcing 메커니즘이 작용하기 때문에 예측이 어려울 만큼 정책변동의 범위와 정도가 크고 급격하게 진행된다. 이와 같은 긍정적 환류메커니즘에는 모방현상mimicking과 정책이슈에 대한 관심의 변화attention shift가 대표적인 예이다. 모방현상은 특정 정책목표나 정책수단이 초기에 정당성을 인정받게 되면 해당 정책에 대한 긍정적 환류메커니즘이 작동하게 되고 이어서 특정 분기점tipping point을 지나면서 파급효과와 함께 정책변동이 일어나게 되는 경우이다. 다음은 정책주체들이 정책이슈를 바라보는 관심의 틀이 변화하는 경우인데, 특정 정책의제에 대한 지배적 프레임이 다른 새로운 정책프레임으로 옮겨가면서 나타나는 급격한 정책변동이다.

2) 변동의 내용에 따른 분류

정책변동의 내용에 따라 분류된 정책혁신, 정책유지, 정책승계, 정책종결을 구체적으로 살펴보면, 먼저 정책혁신policy innovation은 이전에 개입한 적이 없는 분야에 완전히 새로운 정책을 결정하는 유형으로, 이 경우는 정부가 우연히 아니라 뚜렷한 목적을 가지도 의도적으로 개입한다는 점이 특징이다. 정책변동이 기존의 정책을 전제로 한다는 점에서 엄격히 말하자면 이는 새로운 정책결정이지 정책변동이고 보기 어려우며, 다만 다른 변동유형과의 비교를 위해 논의되는 경우가 많다.

다음으로 정책유지policy maintenance는 기존의 정책이 가진 기본특성을 바꾸지 않고 그대로 유지하는 유형이다. 즉 해당 정책의 기본적 특성이 변경되지 않고 정책수단의 부분적인 변화만 이루어진다. 따라서 정책을 구성하는 사업내용, 정책대상이나 예산의 규모, 집행절차 등에서 약간의 변경이 있더라도 정책의 기본골격, 즉 법률이나 기본정책이 변경되지 않으면 정책유지로 간주된다. 그러나 모든 정책이 시간이 지남에 따라 다소의 변화가 불가피하다는 점에서 어느 정도의 변화까지를 정책유지로 볼 것인가에 대해서는 논란의 여지가 있다.

한편 정책승계policy succession는 정책내용의 기본골격을 유지하는 정책유지와 달리 대폭적인 수정이 이루어져 정책의 기본적인 성격이 바뀌는 변동이다. 따라서 정책승계는 기존 정책의 목표는 변경하지 않고 정책수단의 핵심 내용 일부 또는 전부를 바꾸기 때문에 정책수단인 핵심프로그램, 담당조직, 예산배정 등에 있어서 커다란 변화가 발생한다. 필요한 경우에는 정책수단과 관련된 법령을 새로운 법령으로 대체하기도 한다. 이처럼 정책승계의 기본 형태가 기존의 정책목표를 그대로 유지하되 정책수단이 변하는 것이지만 실제로는 매우 다양한 형태로 나타나는데, 그 내용에 따라 크게 6가지, 즉 선형적 승계, 정책통합, 정책분할, 부분종결, 비선형적 승계, 우발적 승계 등으로 구분되고 있다(Hogwood & Peters, 1983).

정책승계의 유형으로 첫째, 선형적 승계linear succession는 기존 정책의 목표를 변경하지 않고 종전과 동일한 정책목표를 달성하기 위해 새로운 정책내용으로 바꾸는 것을 말한다. 정책수단의 대체가 가장 대표적인데, 따라서 이러한 형태의 승계를 정책대체replacement라고 부르기도 한다. 또한 정책내용을 완전히 뒤집어 예전의 정책으로 돌아가는 정책환원과 중단되었던 정책을 다시 실시하는 정책재도입도 선형적 승계에 해당한다. 둘째, 정책통합policy consolidation은 동일하거나 비슷한 목표를 지니고 있는 기존의 두 정책이 하나의 정책으로 통합되어 종래의 정책을 대체하는 새로운 정책으로 수립되는 것을 말한다. 이러한 정책통합은 대체로 담당기구의 개편이나 관련 예산의 축소를 수반하기 때문에 저항이 발생하는 과정상의 어려움이 나타날 수 있다. 셋째, 정책분할policy splitting은 정책통합과 반대되는 개념으로, 하나의 정책이 두 개 또는 그 이상의 정책으로 분리되는 경우이다. 정책분할의 경우에 정책담당기관이 하나에서 두 개 이상으로 분리되는데, 이러한 과정에서 기존 정책의 성격에도 커다란 변화가 나타날 수 있다. 넷째, 부분종결partial termination은 정책의 일부분은 유지하면서 다른 부분을 완전히 폐지하는 형태로서 정책유지와 정책종결이 배합된 경우라고 할 수 있다. 이러한 부분종결은 주로 정책에 할당된 자원이나 정책 산출의 감소로 인해 정책이 변형되는 경우이거나 완전종결을 위한 전단계로서 전략적으로 사용되는 경우이기도 하다. 다섯째, 우발적 승계incidental succession는 기존의 프로그램을 실시해 본 결과에 근거하여 종래의 정책을 유지하거나 대체하면서 동시에 기존의 다른 정책을 결합하여 새로운 정책을 구성하는 형태이다. 여섯째, 비선형적 승계non-linear succession는 기존 정책의 일부를 유지하고 다른 일부는 폐지하며 이에 덧붙여 새롭고 혁신적인 프로그램을 추가하는 형태이다. 이러한 형태의 승계를 유지, 대체, 종결, 추가 등이 복합적으로 나타난다는 점에서 복합적 정책승계라고도 한다.

마지막으로 정책종결은 정책수단인 프로그램과 예산지원을 중단하고 이를 대체할 다른 수단을 결정하지 않음으로써 종래의 정책을 완전히 종식시키는 것을 말한다. 따라서 해당 정책과 관련된 법률, 프로그램, 조직, 예산 등을 폐지하는 것을 의미하는데, 정책현실에서 순수한 정책종결의 사례를 찾아보기가 쉽지 않다. 정책종결의 원인으로는 예산부족, 능률성 저하, 정치적 이념의 변동 등이 대표적이다(deLeon, 1983). 이처럼 정책종결은 자원부족에 따른 예산확보의 어려움과 같은 경제적 문제 때문일 수도 있고, 국내외적 정책환경의 변화나 정치체제 내지 집권세력의 변화 등과 같은 정치적 문제 때문일 수도 있으며, 정책을 추진하는 행정기관의 내부적 요인 때문일 수도 있다. 그 외에도 어떤 정책이 사회적·윤리적 문제를 불러일으킴으로써 종결문제가 부각될 수도 있다.

정책종결의 유형은 종결이 이루어지는 기간에 따라 폭발형, 점감형, 혼합형 등으로 구분되는데(Bardach, 1976), 폭발형은 가장 일반적인 정책종결의 유형으로서 특정한 정책이 일시에 종식되거나 폐지되는 것이다. 이때 일시는 단일의 권위있는 결정에 의한다는 의미이며, 이러한 형태는 결정이 일시에 일어나므로 충격이 있을 수도 있지만 점진적 종결형보다는 종결을 집행하기가 쉽다. 다음으로 점감형은 일시에 정책에 관련된 모든 것을 종식시키는 것이 아니라 정책에 관련된 장기간에 걸쳐 점진적으로 조직을 축소시키거나 필요한 자원과 예산 등을 점차적으로 감소시켜나가는 것이다. 그리고 혼합형은 비교적 단기간에 걸친 의도적으로 추진되는 단계적인 정책종결을 말하는데, 이러한 혼합형은 폭발형이나 점감형에 비하여 좋은 성과를 거둘 수 있지만 흔히 볼 수 있는 정책종결의 유형은 아니다.

4. 정책변동의 이론적 모형

정책변동의 요인이나 과정 등을 설명하는 이론적 모형들이 여러 학자들에 의해 각자의 관점이나 초점 등에 따라 다양하게 제시되어 왔다. 그 가운데 국내의 정책이론서에서 공통적으로 소개되는 몇 가지 모형들, 즉 Sabatier의 옹호연합모형, Kingdon의 정책흐름모형, Hall의 정책패러다임변동모형, Mucciaroni의 이익집단위상 변동모형을 소개한다.

1) 정책옹호연합모형

정책옹호연합모형advocacy coalition framework, ACF은 정책하위체제policy subsystem 내에 존재하는 신념체계를 공유하는 옹호연합들이 각자의 신념체제에 입각한 정책을 추진하기 위한 경쟁과정에서 정책변동이 발생하는 것으로 파악한다(Sabatier, 1988). 다시 말하자면, 정책변동이 정책하위체제 안에서 작동하는 옹호연합의 신념체계의 변화를 통해 이루어지는 것으로 설명한다. 따라서 이 모형은 정책하위체제 내의 개별 행위자가 아닌 신념체계를 매개로 형성된 연합의 활동에 관심을 둔다. 정책하위체제는 특정 정책문제에 관여하는 행위자들의 집합으로서, 정부와 비정부의 다양한 분야에서 활동하는 이들 행위자들은 신념과 자원에 따라 각각의 옹호연합을 구성한다. 이들 연합들은 신념체계belief systems, 즉 기본적 가치, 정책에 대한 인과적 과정, 정책문제에 대한 인식을 공유하는 행위자들의 집합체이며, 각자의 신념이 정책으로 산출되도록 다양한 자원과 전략을 동원하여 경쟁한다.

　　옹호연합 간의 갈등이나 정책집행의 오류 등이 문제 상황, 문제의 인과적 구조, 정책대안의 결과 등에 대한 학습유인을 제공하는데, 옹호연합의 신념체계는 장기간에 걸친 이러한 정책지향적 학습policy-oriented learning을 통해 변화되고 이러한 정책신념의 변화가 결국에는 정책변동을 일으키게 된다는 것이다. 이처럼 옹호연합 간의 갈등과 논쟁이 자발적인 정책학습을 유발하기도 하지만 중립적인 정책중개자policy brokers에 의해 갈등이 중재되어 타협점을 찾게 되기도 한다. 정책중개자에 의하여 중개된 정책선호는 궁극적으로 정부의 정책결정에 반영되고 집행되면서 정책하위체제에 환류되어 옹호연합의 신념체계 변화와 그에 따른 전략의 수정을 가져오게 한다(양승일, 2006).

　　한편, 이러한 옹호연합의 형성과 활동에 제약을 가하거나 기회를 제공하는 외적 변수external parameters는 안정적 변수와 역동적 변수로 구분된다. 문제의 기본적 속성, 자원의 분포, 사회구조와 사회문화적 가치, 기본적인 법적 구조 등과 같은 안정적 변수는 변화의 속도가 장기적이고 범위가 제한적이며 행위자들의 의식과 형태에 영향을 미치는 변수이다. 반면에 사회경제적 여건, 여론, 지배집단의 변화, 다른 하위체제로부터의 영향 등과 같은 역동적 변수는 정책의 핵심내용의 변화에 단기적이고 직접적인 영향을 미치는 변수이다. 요약하자면, 신념체계에 기초한 옹호연합들의 상호작용과 장기간의 정책지향적 학습, 사회경제 및 정치체제구조 등의 변화로 인하여 결국 정책변동이 발생한다는 것이다.

2) 정책흐름모형

정책흐름모형policy stream model은 정책의제설정과정을 설명하는 모형에서 이미 소개한 적이 있는데, 정책의제의 변동이 결과적으로 정책변동을 가져오는 계기가 된다는 점에서 정책변동을 설명하는 모형으로도 활용되고 있다. 이 모형은 문제흐름, 정책흐름, 정치흐름이 서로 무관하게 흐르다가 결합하는 기회를 가지면 정책과정에 진입하여 정책결정의 기회를 가지는 것으로 파악한다. 사회적 또는 정치적 사건과 같은 촉발적인 사건triggering event을 계기로 2가지 이상의 흐름이 결합하면 이른바 정책의 창이 열리고 이를 통해 정책변동이 발생하게 된다는 것이다. 이처럼 정책의 창이 열리는 것은 정책참여자들 나름의 이해관계에 따라 합의 형성이 일어나며 관련 문제에 정부의 관심을 집중시키거나 선호하는 정책대안을 관철시키는 기회가 된다.

정책의 창은 대부분 정책흐름보다는 문제흐름이나 정치흐름의 주도로 열리게 되는데, 정책의 창은 제도화 또는 예측가능성을 기준으로 정기적 창routinized windows, 부수적 창spillover windows, 재량적 창discretionary windows, 무작위적 창random windows으로 분류되기도 한다(Howlett & Ramesh, 2003). 정기적 창과 재량적 창은 정치흐름이 주도하는 창이고, 부수적 창과 무작위적 창은 문제흐름이 주도하는 창에 해당한다. 정기적 창은 제도적 절차에 의해 열리는 창이라는 점에서 예측가능성이 가장 높고, 부수적 창은 이미 열려진 창으로 관련된 다른 이슈가 흘러 들어간다는 점에서 예측가능성이 비교적 높다. 재량적 창은 정치행위자의 활동과 노력으로 열리는 창이라는 점에서 예측가능성이 비교적 낮고, 무작위적 창은 우연한 사건이나 위기로 인해 열리는 창이라는 점에서 예측가능성이 가장 낮은 유형이다(한석태, 2017).

3) 정책패러다임변동모형

정책패러다임변동모형은 정책패러다임의 변동이 정책변동을 가져오는데, 패러다임의 변화로 근본적인 정책변동이 가능한 것으로 간주한다(Hall, 1993). 이때 정책패러다임은 정책결정자들이 정책문제의 본질을 파악하고 정책목표와 이를 달성하기 위한 정책수단을 구체화하는데 있어서 지니는 일정한 사고와 기준의 틀을 의미한다(정정길 외, 2011). 이처럼 근본적인 정책변동이 가능하다는 점에서 규범적 신념의 변화가 발생하더라도 정책의 근본적인 변동은 쉽게 나타나지 않는다는 정책옹호연합모형과 차이가 난다. 한편 이 모형은 정책옹호연합모형과 마찬가지로 정책변동과정에 있어서 정책학습의 중요성을 강조하고 있는데, 정책형성에 있어서 사회적 학습으로서의 정치와 권력투쟁으로서의 정치가 서로 얽혀 있어서 이를 엄격하게 구분하는 것이 곤란하다고 본다.

이 모형은 정책형성을 정책목표, 정책수단이나 도구, 정책산출이라는 3가지 변수를 포함하는 과정으로 간주하고 이들 변수의 변동 폭에 따라 3가지 유형의 정책변동을 제시한다. 하나는 1차적 변동first order change인데, 3가지 변수 가운데 정책목표와 정책산출의 근본적인 변화 없이 산출물의 수준만 변화하는 형태로 점증주의적 성격을 띠는 의사결정이다. 다른 하나는 2차적 변동으로, 정책목표의 변화는 없으나 정책문제의 해결책이라 할 수 있는 주요 정책수단을 변경하는 형태인데 새로운 정책수단의 개발을 의미한다. 이러한 1차적 변동과 2차적 변동은 기존의 정책패러다임에 영향을 미치지 않는 일반적인 정책형성의 경우로서 정책패턴의 연속성이 유지된다. 마지막으로 3차적 변동은 정책목표, 정책수단, 정책산출 모두가 바뀜에 따라 기존의 정책패턴의 연속성이 유지되지 않는 단절적인 정책변동으로 패러다임 변동을 초래하는 급격한 변동의 형태이다. 이러한 패러다임 변동은 단번에 일어나는 것이 아니라 패러다임 안정기, 변이의 축적기, 실험기, 권위의 손상기, 경합기, 새로운 패러다임의 정착기로 이행하는 것으로 설명하고 있다.

4) 이익집단 위상변동모형

다원주의 사회에서는 정책형성이 특정 이익집단의 사익private interest과 사회 공동체의 공익public interest 간의 경쟁과 선택의 결과로 나타날 수 있다. 이러한 경우, 정책의 내용은 이익집단의 위상이 정책과정에서 어떤 위상을 차지하느냐에 따라 차이를 보인다는 것이다(Mucciaroni, 1995). 이익집단의 위상변동을 이슈맥락과 제도맥락의 개념을 사용하여 설명하고 있다. 이슈맥락issue context은 정책의 유지나 변동에 영향을 미치는 정책체제 외부의 상황적인 요소들이고, 제도맥락institutional context은 정책체제 내의 대통령이나 의회지도자를 포함한 구성원들인데, 이들의 선호가 특정 이익집단의 이익이나 주장에 대해 옹호 또는 반대 여부에 따라 정책의 내용이 좌우된다는 것이다.

이슈맥락과 제도맥락의 선호가 일치하는 경우에는 이익집단의 위상이 절대적인 영향을 받지만, 일치하지 않는 경우에는 제도맥락이 이슈맥락보다 더 큰 영향을 미친다(정정길 외, 2011). 보다 구체적으로 살펴보면, 이슈맥락과 제도맥락이 특정 이익집단에게 유리한 경우 집단의 위상이 상승하여 그 이익집단에게 유리한 정책이 지속되거나 불리한 정책이 유리하게 변동된다. 그 반대로 이슈맥락과 제도맥락이 이익집단에게 모두 불리한 경우 그 위상이 쇠락하여 유리한 정책이 사라지거나 불리하게 변동된다. 한편 이슈맥락이 유리하지만 제도맥락이 불리한 경우 이익집단의 위상이 저하되고 정책이 불리하게 변동되지만, 이슈맥락이 불리하고 제도맥락이 유리한 경우는 집단의 위상이 유지되며 정책이 불리하게 변동되지 않는다는 것이다.

찾아보기

참고문헌

강근복. (2000). 정책분석론. 서울: 대영문화사.

권기창. (2003). 인터넷내용 규제정책의 도입을 둘러싼 네트워크 분석. 한국 정책과학학회보, 7(3): 203 – 230.

김규정. (1998). 행정학원론. 서울: 법문사.

김명수. (2000). 공공정책평가론. 서울: 박영사.

김석준. (2000). 뉴 거버넌스 연구. 서울: 대영문화사.

김영래 외. (2004). NGO와 한국정치. 서울: 아르케.

남궁근. (2008). 정책학: 이론과 경험적 연구. 서울: 박영사.

남기범. (2009). 현대정책학개론. 서울: 조명문화사.

노화준. (1997). 정책학원론. 서울: 박영사.

노화준. (2010). 기획과 결정을 위한 정책분석론. 서울: 박영사.

류지성. (2019). 정책학. 서울: 대영문화사.

박세일, (2000). 법경제학. 서울: 박영사.

박용성. (2004). 정책네트워크의 동태적 유형분석에 관한 연구: 한강 및 낙동 강 유역정책 수립 및 입법화과정의 비교·분석을 중심으로. 한국사회와 행 정연구, 15(3): 99 – 128.

박종민. (2000). 집단이론, 후견주의 및 도시의 리더십. 한국행정학보, 34(3): 189 – 204.

백승기. (2016). 정책학원론. 서울: 대영문화사.

송희준·박기식. (2000). 지식정보사회의 정부 역할: 시장과 정부, 그리고 네

트워크 거버넌스. 지식정부 구현을 위한 전략과 과제. 한국행정학회 2000
년도기획세미나발표논문집, 189－205.

안해균. (1997). 정책학원론. 서울: 다산출판사.

양승일. (2013). 뉴거버넌스론(new governance theory). 온라인행정학전자
사전. 한국행정학회.

양승일. (2015). 정책네트워크(policy network). 온라인행정학전자사전. 한국
행정학회.

오수길. (2008). 뉴거버넌스. 서울: 대영문화사.

이동수. (1998). 한국 사회복지 연구의 정책환경적 요인에 대한 종합적 분석
의 필요성. 한국정책학회보, 7(2): 91－113.

이동수·최봉기. (2015). 정책연구. 서울: 박영사.

이종수. (2009). 행정학사전. 서울: 대영문화사.

이학수. (1998). 한국개발제한구역정책의 비일관성에 관한 연구. 고려대학교
박사학위논문.

장우영. (2005). 인터넷 규제와 거버넌스의 정치. 서울: 한국학술정보.

정정길 외. (2011). 정책학원론. 서울: 대명출판사.

최봉기. (1987). 정책집행과정과 정책변화. 사회과학논총. 계명대학교 사회과
학연구소, 5: 19－39.

최봉기. (1985). 정책의제채택에 관한 변수분석. 한국행정학보, 19(1):
223－241.

최창현·김흥률. (2019). 키워드로 보는 정책학. 서울: 박영사.

하동석 외. (2010). 이해하기 쉽게 쓴 행정학용어사전. 서울: 새정보미디어.

한석태. (2017). 정책학개론. 서울: 대영문화사.

허 범. (1981). 1980년대를 위한 감축관리의 기본방향과 전략. 성대논문집.
성균관대학교, 29: 226－227.

Allison, Graham T. (1971). *Essence of Decision: Explaining the Cuban Missile Crisis*. Boston: Little, Brown and Co.

Almond, Gabriel A. & G. Bingham Powell, Jr. (1978). *Comparative Politics: System, Process and Policy*. Boston: Little Brown and Co.

Almond, Gabriel A. & G. Bingham Powell, Jr. (1980). *Comparative Politics Today: A World View* (Eds.). Boston: Little, Brown & Co.

Anderson, James E. (2003). *Public Policymaking: An Introduction*. MA: Houghton Mifflin.

Balch, George I. (1980). The Stick, the Carrot, and Other Strategies. *Law & Policy Quarterly*. 2(1): 35－60.

Bardach, Eugene. (1976). Policy Termination as a Political Process. *Policy Sciences*, 7(2): 123－131.

Baumgartner, Frank R. & Bryan D. Jones. (2002). *Policy Dynamics* (Eds.). IL: University of Chicago Press.

Benson, K. J. (1975). The Interorganizational Network as a Political Economy. *Administrative Science Quarterly*, 20: 229－249.

Braybrooke, David & Charles E. Lindblom. (1963). *A Strategy of Decision: Policy Evaluation as a Social Process*. NY: The Free Press.

Champney, Leonard. (1988). Public Goods and Policy Types. *Public Administration Review*, 48(6): 988－994.

Cobb, Roger W. & Charles D. Elder. (1983). *Participation in American Politics: The Dynamics of Agenda-Building*. Baltimore: Johns Hopkins University Press.

Cobb, Roger, Jennie-Keith Ross, & Marc H. Ross. (1976). Agenda-Building as a Comparative Political Process. *American Political Science*

Review, 70(1): 126-138.

Cohen, Michael D., James G. March, & Johan P. Olsen. (1972). A Garbage Can Model of Organizational Choice. *Administrative Science Quarterly*, 17(1): 1-25.

Cyert, Richard M. & James G. March. (1963). *A Behavioral Theory of the Firm*. NJ: Prentice-Hall.

Dahl, Robert A. (1961). *Who Governs?: Democracy and Power in an American City*. New Haven: Yale University Press.

deLeon, Peter. (1983). Policy Evaluation and Program Termination. *Policy Studies Review*, 2(4): 631-647.

Diesing, Paul. (1962). *Reason in Society: Five Types of Decisions and Their Social Conditions*. IL: University of Illinois Press.

DiMaggio, Paul J. & Walter W. Powell. (1983). The Iron Cage Revisited: Institutional Isomorphism and Collective Rationality in Organizational Fields. *American Sociological Review*, 48 (2): 147-160.

Downs, Anthony. 1972. Up and Down with Ecology: The Issue Attention Cycle. *Public Interest*, 28(1): 38- 50.

Dror, Yehezkel. (1983). *Public Policy Making Reexamined*. NY: Taylor & Francis.

Duncan, Jack W. (1981). *Organizational Behavior*. Boston: Houghton Mifflin.

Dunn, William N. (2009). *Public Policy Analysis: An Integrated Approach*. NJ: Prentice Hall.

Dye, Thomas R. (2002). *Understanding Public Policy*. NJ: Prentice-Hall.

Easton, David. (1953). *The Political System: An Inquiry into the State of*

Political Science. NY: Alfred A. Knopf.

Easton, David. (1969). The New Revolution in Political Science. *American Political Science Review,* 63(4): 1051−1061.

Edwards, George C. Ⅲ. (1980). *Implementing Public Policy.* Washington, DC: Congressional Quarterly Press.

Elkin, Stephen L. (1987). *City and Regime in the American Republic.* Chicago: University of Chicago Press.

Eyestone, Robert. (1978). *From Social Issues to Public Policy.* NY: John Wiley & Sons.

Hall, Peter A. (1993). Policy Paradigms, Social Learning, and the State: The Case of Economic Policymaking in Britain. *Comparative Politics,* 25(3): 275−296.

Hall, Robert E. & Marc Lieberman. (2008). *Microeconomics: Principles and Applications.* HO: South−Western College Publishing.

Heclo, Hugh. (1978). Issue Networks and the Executive Establishment. In Anthony King (Ed.). *The New American Political System.* Washington, DC: American Enterprise Institute. pp. 87−124.

Hogwood, Brain W. & B. Guy Peters. (1983). *Policy Dynamics.* NY: St. Martin's Press.

Howlett, Michael & M. Ramesh. (2003). *Studying Public Policy: Policy Cycles and Policy Subsystems.* Toronto: Oxford University Press.

Hunter, Floyd. (1963). *Community Power Structure: A Study of Decision Makers.* NY: Boubleday and Co.

Johnson, Charles A. & Jon R. Bond. (1980). Coercive and Noncoercive Abortion Deterrence Policies: A Comparative State Analysis. *Law and*

Policy Quarterly, 2(1): 106- 128.

Jones, Charles O. (1977). *An Introduction to the Study of Public Policy.* North Scituate, MA: Duxbury Press.

Jordan, Grant. (1990). The Pluralism of Pluralism: An Anti-theory? *Political Studies*, 38(2): 286 — 301

Kingdon, John W. (2003). *Agendas, Alternatives, and Public Policies.* NY: Longman.

Lasswell, Harold D. (1951). The Policy Orientation. In Daniel Lerner & Harold D. Lasswell (Eds.). *The Policy Sciences: Recent Developments in Scope and Method.* Stanford, CA: Stanford University Press. pp.3 — 15.

Lasswell, Harold D. (1971). *A Pre-View of Policy Sciences.* NY: American Elsevier.

Lindblom, Charles E. (1959). The Science of "Muddling Through". *Public Administration Review*, 19(2): 79 — 88.

Lindblom, Charles E. (1968). *The Policy-Making Process.* NJ: Prentice-Hall.

Lindblom, Charles E. (1977). *Politics and Markets: The World's Political-Economic Systems.* NY: Basic Books.

Lowi, Theodore J. (1970). Decision Making vs. Policy Making: Toward an Antidote For Technocracy. *Public Administration Review*, 30(3): 314 — 325.

Lowi, Theodore J. (1972). Four Systems of Policy, Politics and Choice. *Public Administration Review*, 32(4): 298 — 310.

Marsh, D. (1998). The Development of the Policy Network Approach. In

D. Marsh (Ed.). *Comparing Policy Networks*. Buckingham: Open University Press. pp. 3-17.

Mazmanian, Daniel A. & Paul A. Sabatier. (1981). *Effective Policy Implementation* (Eds.). MA: Lexington Books.

Mazmanian, Daniel A. & Paul A. Sabatier. (1989). *Implementation and Public Policy*. MD: University Press of America.

Meier, Kenneth J. (1985). *Regulation: Politics, Bureaucracy and Economics*. NY: St. Martin's Press.

Mills, C. Wright. (1956). *The Power Elite*. NY: Oxford University Press.

Mitchell, Joyce M. & William C. Mitchell. (1969). *Political Analysis and Public Policy: An Introduction to Political Science*. Chicago: Rand McNally.

Mucciaroni, Gray. (1995). *Reversals of Fortune: Public Policy and Private Interests*. Washington, DC: Brookings Institution.

Nakamura, Robert T. & Frank Smallwood. (1980). *The Politics of Policy Implementation*. NY: St. Martin's Press.

Nordlinger, Eric A. (1981). *On the Autonomy of the Democratic State*. MA: Harvard University Press.

Peters, B. Guy. (1999). *American Public Policy: Promise and Performance*. NY: Chatham House Publishers.

Polsby, Nelson W. (1980). *Community Power and Political Theory: A Further Look at Problems of Evidence and Inference*. New Haven: Yale University Press.

Pressman, Jeffrey L. & Aron Wildavsky. (1973). *Implementation: How Great Expectations in Washington Are Dashed in Oakland*. Berkeley,

CA: University of California Press.

Rich, Robert F. (1977). Uses of Social Science Information by Federal Bureaucrats: Knowledge for Action versus Knowledge for Understanding. In Carol H. Weiss (Ed.). *Using Social Science Research in Public Policy Making*. Lexington, MA: D.C. Heath, pp. 199−211.

Ripley, Randall B. & Grace A. Franklin. (1986). *Policy Implementation and Bureaucracy*. Chicago: Dorsey Press.

Sabatier, Paul A. & Daniel A. Mazmanian. (1983). Policy Implementation. In Stuart Nagel (Ed.). *Encyclopedia of Policy Studies*. NY: Marcel Dekker. pp. 143−170.

Sabatier, Paul A. (1988). An Advocacy Coalition Framework of Policy Change and the Role of Policy−Oriented Learning Therein. *Policy Sciences*, 21: 129−168.

Schmitter, Philippe C. & Gerhard Lehmbruch. (1979). *Trends toward Corporatist Intermediation*. CA: Sage Publications.

Simon, Herbert A. (1964). Rationality. In J. Gould & W. L. Kolb (Eds.). *A Dictionary of the Social Sciences*. IL: The Free Press.

Simon, Herbert A. (1993). Decision Making: Rational, Nonrational, and Irrational. *Educational Administration Quarterly*, 29(3): 392−411.

Stone, Clarence N. (1980). Systemic Power in Community Decision Making: A Restatement of Stratification Theory. *American Political Science Review*. 74(4): 978−990.

Truman, David. (1971). *The Governmental Process: Political Interests and Public Opinion*. NY: Alfred A. Knopf, Inc.

Van Meter, D. S. & C. E. Van Horn. (1975). The Policy Implementation

Process: A Conceptual Framework. *Administration & Society*, 6(4): 445−488.

Waldo, Dwight. (1955). *The Study of Administration*. NY: Random House.

Waller, John D., D. M. Kemp, J. W. Scanlon, F. Tolson, & J. S. Wholey. (1976). *Monitoring for Government Agencies*. Washington, DC: Urban Institute.

Weimer, David L. & Aidan R. Vining. (1992). *Policy Analysis: Concepts and Practice*. Englewood Cliffs, NJ: Prentice−Hall.

Weiss, Carol H. (1977). Research for Policy's Sake: The Enlightenment Function of Social Research. *Policy Analysis*, 3(4): 531−545.

저자소개

이동수_ Tongsoo Lee
tslee@kmu.ac.kr

미국 Syracuse University에서 행정학석사(MPA)와 University of Southern California에서 행정학박사(Ph.D) 학위를 각각 취득하였고, 현재 계명대학교 공공인재학부 교수로 재직하고 있다.
주요 관심분야는 정책이론, 정책분석평가, 리더십과 조직문화이며, 최근의 저·역서 및 논문으로는 모순적 리더십과 조직문화(2016년도 대한민국학술원 선정 우수학술도서), 조직관리의 새로운 지평, 정책연구, 한국의 행정문화와 리더십, 공무원의 리더십과 리더유효성에 대한 자타평가의 남녀차이 분석, 경쟁가치모형을 이용한 한국조직문화의 진단 외 다수이다.

정책학

초판발행	2020년 6월 1일
지은이	이동수
펴낸이	안종만·안상준
편 집	전채린
기획/마케팅	장규식
표지디자인	조아라
제 작	우인도·고철민
펴낸곳	(주)**박영사**
	서울특별시 종로구 새문안로3길 36, 1601
	등록 1959. 3. 11. 제300-1959-1호(倫)
전 화	02)733-6771
f a x	02)736-4818
e-mail	pys@pybook.co.kr
homepage	www.pybook.co.kr
ISBN	979-11-303-1028-2 93350

정 가   19,000원